ESTADO E INDÚSTRIA DE DEFESA EM PAÍSES EMERGENTES
BRASIL, ÍNDIA, TURQUIA E ÁFRICA DO SUL

Editora Appris Ltda.
1.ª Edição - Copyright© 2023 do autor
Direitos de Edição Reservados à Editora Appris Ltda.

Nenhuma parte desta obra poderá ser utilizada indevidamente, sem estar de acordo com a Lei nº 9.610/98. Se incorreções forem encontradas, serão de exclusiva responsabilidade de seus organizadores. Foi realizado o Depósito Legal na Fundação Biblioteca Nacional, de acordo com as Leis nºs 10.994, de 14/12/2004, e 12.192, de 14/01/2010.

Catalogação na Fonte
Elaborado por: Josefina A. S. Guedes
Bibliotecária CRB 9/870

B553e 2023	Berwaldt, Julio Werle Estado e indústria de defesa em países emergentes : Brasil, Índia, Turquia e África do Sul / Julio Werle Berwaldt. 1. ed. – Curitiba : Appris, 2023. 213 p. ; 21 cm. – (RI : relações internacionais). Inclui referências. ISBN 978-65-250-4904-5 1. Segurança internacional. 2. Relações internacionais. 3. Países em desenvolvimento. I. Título. Série. CDD – 355.03

Livro de acordo com a normalização técnica da ABNT

Appris editora

Editora e Livraria Appris Ltda.
Av. Manoel Ribas, 2265 – Mercês
Curitiba/PR – CEP: 80810-002
Tel. (41) 3156 - 4731
www.editoraappris.com.br

Printed in Brazil
Impresso no Brasil

Julio Werle Berwaldt

ESTADO E INDÚSTRIA DE DEFESA EM PAÍSES EMERGENTES
BRASIL, ÍNDIA, TURQUIA E ÁFRICA DO SUL

FICHA TÉCNICA

EDITORIAL	Augusto V. de A. Coelho
	Sara C. de Andrade Coelho
COMITÊ EDITORIAL	Marli Caetano
	Andréa Barbosa Gouveia - UFPR
	Edmeire C. Pereira - UFPR
	Iraneide da Silva - UFC
	Jacques de Lima Ferreira - UP
SUPERVISOR DA PRODUÇÃO	Renata Cristina Lopes Miccelli
PRODUÇÃO EDITORIAL	Jibril Keddeh
REVISÃO	Mateus Soares de Almeida
DIAGRAMAÇÃO	Andrezza Libel
CAPA	Sheila Alves

COMITÊ CIENTÍFICO DA COLEÇÃO RELAÇÕES INTERNACIONAIS

DIREÇÃO CIENTÍFICA
Ramon Blanco (UNILA)
Lucas Mesquita (UNILA)

CONSULTORES

Alexsandro Pereira (UFPR)	Lara Selis (UFU)
Andrea Pacheco Pacífico (UEPB)	Letícia Carvalho (PUC-MG)
Danielle Jacon Ayres Pinto (UFSC)	Marcela Vecchione (UFPA)
Dawisson Belém Lopes (UFMG)	Marcos Alan Ferreira (UFPB)
Déborah Silva do Monte (UFGD)	Júlio C. Rodriguez (UFSM)
Fernando Ludwig (UFT)	Marta Fernandez (PUC-RJ)
Gilberto Oliveira (UFRJ)	Maurício Santoro (UERJ)
Jayme Benvenutto (UFPE)	Muryatan Santana Barbosa (UFABC)
Karina Lilia Pasquariello Mariano (UNESP)	Roberto Menezes (UNB)

INTERNACIONAIS

Cécile Mouly - Facultad Latinoamericana de Ciencias Sociales (FLACSO) Ecuador

Daniela Perrotta - Universidad de Buenos Aires (UBA)

Nahuel ODonne - Instituto Social del MERCOSUR

APRESENTAÇÃO

O ímpeto pela produção industrial em defesa e pela suprema-cia no setor levou a humanidade a conceber tecnologias que hoje são tidas como triviais, passando pela internet, GPS, micro-ondas, semicondutores e materiais ultrarresistentes. Nesse contexto, o papel do Estado foi fundamental para oferecer as salvaguardas necessárias nas fases iniciais da pesquisa científica, assumindo os riscos do processo disruptivo em troca de ganhos diferenciados pela vanguarda tecnológica. Esse processo, embora mais comumente observado nas grandes potências e em momentos de conflito inte-restatal, desperta a atenção também de países emergentes no Sul Global, que vislumbram no investimento em defesa a possibilidade de alcançar aqueles na ponta da competição internacional por meio da pesquisa, do desenvolvimento e da operacionalização de tecnologias sensíveis. Entretanto, diversos são os casos de países que empreen-dem o investimento em defesa sem jamais conseguir os benefícios esperados. Esta obra busca complexificar a questão, apresentando alguns dos condicionantes a níveis internacional e doméstico que influenciam nesse processo, utilizando-se das experiências históricas de Brasil, Índia, Turquia e África do Sul a partir do fim da Segunda Guerra Mundial até a contemporaneidade, demonstrando que, apesar da centralidade de um ambiente externo permissivo para com o desenvolvimento da indústria de defesa, a atuação estatal é um importante filtro que também é fundamental para os resultados observados no setor.

PREFÁCIO

A indústria de defesa é um dos principais indicativos do poder nacional, tanto na esfera geopolítica como na tecnológica. Apesar disso, no Brasil, os estudos sobre essa temática são relativamente recentes, sendo, na maioria das vezes, resultados de esforços individuais realizados em restrito número de universidades e de institutos de pesquisa. Nesse contexto, insere-se a pesquisa de Julio Werle Berwaldt — realizada no Grupo de Estudos em Capacidade Estatal, Segurança e Defesa (Gecap) —, que permitiu sua titulação como mestre em Relações Internacionais pela Universidade Federal de Santa Maria (UFSM) e resultou neste ousado, abrangente e bem elaborado livro.

De maneira geral, a imprensa, os documentos públicos e até mesmo alguns trabalhos acadêmicos vêm tratando a indústria brasileira de defesa ora com ufanismo excessivo, ora com ceticismo demasiado. Este livro tem o mérito de escapar dessa dicotomia de extremos e de buscar compreender a indústria brasileira de defesa de forma realista, reconhecendo avanços e conquistas sem, entretanto, deixar de apontar para retrocessos e limitações na área. Em resumo, é possível dizer que este livro busca responder a seguinte questão: por que o Brasil possui uma indústria de defesa heterogênea fundamentada em importantes conquistas e severas restrições? Ou, de maneira ainda mais simplificada: por que a indústria de defesa brasileira é essa que nós temos?

Para responder a tão relevante questão, o livro desenvolve análise profunda e ampla, duas qualidades muito raras de se encontrar de forma conjunta em um mesmo trabalho de pesquisa. O estudo é profundo, pois o autor parte de referencial teórico vasto e interdisciplinar para estruturar um novo modelo analítico que visa compreender quais são os elementos determinantes da configuração de uma dada indústria de defesa. A apresentação desse modelo analítico original já seria um notável avanço para os estudos sobre a indústria de defesa. Mas essa é a primeira parte da pesquisa, pois o autor avança e procura validar seu modelo analítico por meio de estudos de caso, evidenciando a amplitude do objeto estudado. Cabe ressaltar que o livro não se restringe ao estudo do caso da indústria brasileira de defesa, estendendo-se para a análise comparativa de outros três países emergentes que possuem indústrias de defesa com características similares — no caso, Índia, Turquia e África do Sul. Por fim, é importante destacar que a própria seleção de países a serem estudados envolveu a elaboração de metodologia original, simples, mas bem adequada ao objetivo pretendido.

O modelo analítico proposto no livro possibilita uma compreensão mais abrangente e realista da indústria de defesa. Para isso, não restringe o estudo a algumas poucas variáveis pré-determinadas, mas sim a amplo e interdisciplinar conjunto de fatores que determinam a configuração da indústria de defesa.

De modo muito apropriado, o modelo inicia pela análise da inserção internacional de determinado país considerando um abrangente conjunto de fatores — com destaque para os aspectos geográficos, a evolução histórica, a rivalidade regional e a ordem internacional. No entanto, essa análise é desafiada pelo fato de as estruturas produtivas industriais estarem organizadas em cadeias globais de valor e pela ascensão das políticas multilaterais, sendo ambas incorporadas à análise. De acordo com o autor, a partir desse amplo conjunto de fatores é possível identificar, no âmbito internacional, as ameaças e as alianças que, em última instância, determinarão ou não o desenvolvimento da indústria de defesa de um país.

Em um segundo nível analítico, o modelo incorpora o âmbito nacional, particularmente no que se refere ao ambiente institucional e às escolhas políticas. Para isso, centra a análise no Estado, dado que esse é o ator primordial nas atividades de defesa. Primeiro, por ser, se não o único, o principal demandante dos meios de defesa, de tal modo que o mercado bélico pode ser caracterizado como monopsônio. Segundo, pela importância do Estado no desenvolvimento da própria estrutura de oferta dos meios de defesa, seja pelo decisivo incentivo às empresas privadas, seja pela atuação direta por meio de empresas estatais, além do suporte dado pelos centros de pesquisa e pelas universidades públicas. Ademais, o Estado também atua no contexto internacional, possibilitando, em alguns casos, uma inserção mais ativa no mercado global de equipamentos militares. Dessa maneira, o tipo de Estado e o seu respectivo papel impactarão de maneira decisiva na configuração da indústria de defesa.

Além de possibilitar uma análise profunda e abrangente dos determinantes internacionais e locais da indústria de defesa, o modelo proposto tem o mérito de demonstrar que a configuração dessa indústria não obedece à racionalidade econômica dos outros setores industriais, centrada na maximização dos resultados. Em verdade, demonstra que a indústria de defesa é resultado dos constrangimentos internacionais de um determinado país combinados com a atuação do Estado que visa desenvolver capacidades locais e alianças internacionais que lhe possibilitem garantir a soberania nacional.

A segunda parte do livro é marcada pela aplicação do modelo analítico aos estudos de caso. Nesse momento, a metodologia utilizada apresenta dois avanços que merecem ser destacados. Primeiro, a seleção de indústrias de defesa similares à brasileira utilizou como parâmetro a participação das grandes empresas nacionais no mercado mundial de equipamentos militares. Apesar de o livro não enfatizar esse ponto, essa escolha revela, de forma acertada, a importância dada às grandes empresas nacionais como atores essenciais da indústria de defesa. Um segundo avanço da metodologia é a incorporação da evolução histórica das indústrias de defesa possibilitando uma análise dinâmica dos estudos de caso.

Com relação aos estudos de caso, o livro apresenta quatro países emergentes, democráticos e com industrialização tardia, mas que têm inserções internacionais e atuações estatais muito diferentes entre si, resultando em indústrias de defesa com características bastante específicas. Sem pretender resumir cada um dos casos apresentados, apenas expresso uma breve consideração sobre a indústria brasileira de defesa com base no estudo apresentado. Por um lado, o baixo nível de rivalidade regional em que o Brasil está inserido resulta em baixa demanda securitária e, por outro, possibilita maior autonomia para desenvolver a indústria nacional de defesa. Dessa maneira, a evolução da indústria brasileira de defesa está necessariamente vinculada a um projeto nacional de desenvolvimento comandado pelo Estado que tem o apoio e a participação do setor privado e a legitimação da sociedade.

Espero que o prefácio que ora apresento tenha feito jus aos esforços de pesquisa do intrépido autor. Dessa maneira, não apenas recomendo este livro, mas o considero indispensável para todos aqueles que busquem compreender a temática da indústria de defesa de maneira ampla, aprofundada e realista.

Campinas, 28 de março de 2023

Prof. Dr. Marcos José Barbieri Ferreira
Coordenador do Laboratório de Estudos das Indústrias Aeroespaciais e de Defesa (LabA&D) da Universidade Estadual de Campinas (Unicamp)
Membro do Conselho Consultivo da Associação Brasileira das Indústrias de Materiais de Defesa e Segurança (Abimde)
Coordenador do Programa Pró-defesa IV – Economia de Defesa (Capes/ Ministério da Defesa)

SUMÁRIO

1
INTRODUÇÃO 15
1.1 ELEMENTOS CONCEITUAIS: ESTADO E INDÚSTRIA DE DEFESA... 17
1.2 PROBLEMÁTICA CENTRAL: GLOBALIZAÇÃO,
CONSTRANGIMENTOS ESTRUTURAIS E O PAPEL DO ESTADO 21
1.3 DESENHO DA PESQUISA 31
   1.3.1 Hipótese e objetivos 31
   1.3.2 Metodologia e justificativa 36
1.4 ESTRUTURA DOS CAPÍTULOS E POTENCIAIS CONTRIBUIÇÕES
DA PESQUISA 42

2
INDÚSTRIA DE DEFESA, CONSTRANGIMENTOS SISTÊMICOS E O PAPEL DO ESTADO 45
2.1 INDÚSTRIA DE DEFESA NAS RELAÇÕES INTERNACIONAIS 45
   2.1.1 Retrospectiva teórico-conceitual 46
   2.1.2 Indústria de defesa nos países em desenvolvimento 50
   2.1.3 Barreiras de entrada e acesso à tecnologia 54
2.2 CONSTRANGIMENTOS ESTRUTURAIS À CONSOLIDAÇÃO DA
INDÚSTRIA DE DEFESA 59
   2.2.1 Balança de poder e ameaças 59
   2.2.2 Hegemonias, aliados e desafiantes 65
   2.2.3 Para além do debate estrutural: Realismo Neoclássico e a segunda
   imagem invertida 71
2.3 AMBIENTE DOMÉSTICO 75
   2.3.1 A Sociologia Histórica e a centralidade do Estado 76
   2.3.2 Capacidade estatal e autonomia: a evolução do debate 79
   2.3.3 Capacidade estatal e indústria de defesa em países em
   desenvolvimento: seleção de casos 83
2.4 CONSIDERAÇÕES PARCIAIS 88

3
ÍNDIA: O NÃO ALINHAMENTO E A FORTE ATUAÇÃO ESTATAL...91
3.1 ASPECTOS ESTRUTURAIS: AMEAÇAS E ALINHAMENTO 91
3.2 AMBIENTE DOMÉSTICO: CARÁTER E PAPEL DO ESTADO 96
3.2.1 Tendências em gastos militares..96
3.2.2 Atuação estatal e institucionalidade........................... 101
3.3 INDÚSTRIA DE DEFESA... 106
3.4 CONSIDERAÇÕES PARCIAIS... 110

4
TURQUIA: O PAPEL DO ESTADO CULTIVADOR ENTRE ALIANÇAS E RIVALIDADES...113
4.1 ASPECTOS ESTRUTURAIS: AMEAÇAS E ALINHAMENTO 113
4.2 AMBIENTE DOMÉSTICO: CARÁTER E PAPEL DO ESTADO 117
4.2.1 Tendências em gastos militares............................... 117
4.2.2 Atuação estatal e institucionalidade........................ 121
4.3 INDÚSTRIA DE DEFESA.. 125
4.4 CONSIDERAÇÕES PARCIAIS.. 129

5
BRASIL: BAIXAS AMEAÇAS E ATUAÇÃO ESTATAL HESITANTE..131
5.1 ASPECTOS ESTRUTURAIS: AMEAÇAS E ALINHAMENTO 131
5.2 AMBIENTE DOMÉSTICO: CARÁTER E PAPEL DO ESTADO 136
5.2.1 Tendências em gastos militares............................... 136
5.2.2 Atuação estatal e institucionalidade........................ 141
5.3 INDÚSTRIA DE DEFESA.. 146
5.4 CONSIDERAÇÕES PARCIAIS.. 150

6
ÁFRICA DO SUL: DA MOBILIZAÇÃO ESTATAL DOMÉSTICA AO PROTAGONISMO DO SETOR PRIVADO 153
6.1 ASPECTOS ESTRUTURAIS: AMEAÇAS E ALINHAMENTO 153
6.2 AMBIENTE DOMÉSTICO: CARÁTER E PAPEL DO ESTADO 158
6.2.1 Tendências em gastos militares............................... 158
6.2.2 Atuação estatal e institucionalidade........................ 162

6.3 INDÚSTRIA DE DEFESA 166

6.4 CONSIDERAÇÕES PARCIAIS 171

7
CONSIDERAÇÕES FINAIS 173

REFERÊNCIAS 187

1

INTRODUÇÃO

O sucesso da indústria de defesa é um forte indicativo de poder nacional. Produzir e empregar o próprio material militar demonstra autossuficiência nacional e contribui para a credibilidade da capacidade de dissuadir inimigos. Entretanto, em um sistema internacional com atores em crescente interdependência, no qual os Estados renunciaram ao uso da força — exceto em legítima defesa —, a viabilidade do desenvolvimento e manutenção da indústria de defesa como um instrumento do poder nacional é cada vez mais contestada. O multilateralismo exercido pelas organizações internacionais com finalidades específicas contribui para a diminuição da utilidade do poderio bélico e dá espaço a outros instrumentos de poder.

Paradoxalmente, mesmo em um cenário de globalização, a intensificação das necessidades de capital e tecnologia na conduta da guerra requer que o Estado continue aportando recursos para pesquisa e desenvolvimento (P&D), de forma a manter a capacidade operacional de suas forças armadas e a competitividade das firmas domésticas. Diante dessas considerações, a lógica exclusivamente econômica e funcionalista falha em explicar as motivações pelas quais as potências continuam financiando suas indústrias de defesa e utilizando-as como instrumento de inserção internacional, o que sugere que os objetivos políticos permanecem centrais no que toca à persistência de uma base industrial de defesa que guarde algum grau de autonomia.

A indústria de defesa mantém a capacidade de produzir envolvimento direto do Estado na transformação econômica, possibilitando que esse assuma os riscos do processo de inovação em troca da possibilidade de capitanear a vanguarda tecnológica e, consequentemente, obter vantagem na competição interestatal. Tal promessa vem carregada de normatividade. O principal argumento para o investimento em defesa é o transbordamento de tecnologia e conhecimento tácito ao setor civil. Contudo, os altos custos da competição na fronteira tecnológica estão distantes da realidade de grande parte dos países. Além dos custos crescentes para engajamento em competições militares, a sociedade demanda que os recursos nacionais sejam alocados em áreas que promovam o bem-estar social da forma mais imediata possível. Logo, como explicar o sucesso da indústria de defesa em Estados emergentes na ordem internacional pós-Segunda Guerra Mundial?

A presente obra procura contribuir para esse debate ao analisar como a resposta doméstica ao ambiente internacional pode produzir diferentes modelos de industrialização no setor de defesa. Mais especificamente, busca-se compreender o papel desempenhado pelo Estado nos casos de Índia, Turquia, Brasil e África do Sul, observando as diferentes estratégias estatais diante da distribuição de capacidades no Sistema Internacional — nos períodos aqui tratados como bipolaridade (1945–1991), momento unipolar (1991–2001) e multipolaridade desequilibrada (2001–atual) —, do contexto securitário de cada país e da capacidade de mobilização e articulação de recursos domésticos. Pretende-se analisar qualitativamente a viabilidade da manutenção de uma base industrial de defesa, de forma a produzir uma análise confiável quanto ao resultado das políticas industriais e comerciais de defesa dos países observados.

A introdução está dividida em quatro partes. Inicialmente, realiza-se uma investigação sobre o papel histórico da indústria de defesa e o processo de industrialização da guerra, observando-se as conjunturas e os processos que moldaram as características contemporâneas do setor. A segunda seção apresenta os objetivos, o problema de pesquisa e a hipótese de trabalho. A terceira seção busca contextualizar, de forma sucinta, as condicionantes internacionais para a consolidação da indústria de defesa nos países em desenvolvimento, relacionando os componentes teóricos da Economia de Defesa com a corrente da Sociologia Histórica, enfatizando os processos de incorporação do Estado à sociedade civil. A quarta seção delimita a justificativa e as escolhas metodológicas utilizadas para a abordagem do problema de pesquisa.

1.1 ELEMENTOS CONCEITUAIS: ESTADO E INDÚSTRIA DE DEFESA

Nos tempos modernos, com o triunfo do modelo de Estado nacional, a expansão da civilização europeia pelo globo sob a forma da revolução industrial e o constante avanço da tecnologia militar (TILLY, 1996), a relação do setor comercial, financeiro e industrial com a força política e militar tornou-se uma preocupação constante para estadistas, influenciando diretamente na segurança de uma nação e na qualidade de vida dos indivíduos. Como Marx e Engels apontam, as formas de organização econômica refletem os instrumentos de guerra e as características das operações militares (EARLE, 1986).

A industrialização da guerra, que se iniciou no século XIX e culminou na Primeira Grande Guerra, foi a demonstração de que o capitalismo não suplantaria a violência dos períodos anteriores. O impacto das técnicas industriais concentrou-se primeiramente nas comunicações, por meio das ferrovias, navios a vapor e telégrafo. No modal ferroviário, com lógicas distintas: a Prússia as construiu com finalidade militar, enquanto a Grã-Bretanha o fez com finalidade comercial, mas utilizou-as com fins militares para consolidar seus interesses coloniais. O processo de industrialização da guerra é descrito como:

> A aplicação de técnicas de produção industrial na fabricação de armamentos, juntamente com a adaptação de novos modos de transporte e de comunicação com propósitos militares; a profissionalização militar, incluindo o abandono do uso de mercenários [...] e a reorganização do corpo de oficiais; a dispensa de aspectos espetaculares e rituais da guerra, talvez simbolizado pelo abandono de uniformes coloridos em favor de roupas de combate camufladas, sendo

> usadas por todos os postos; e a integração das campanhas militares em terra, mar e, posteriormente, no ar, com planos estratégicos totalizantes na condução da guerra — esses servindo para ocasionar uma transição de uma "guerra limitada" para uma "guerra total". (GIDDENS, 2001, p. 240)

Ainda conforme Giddens (2001), foi a partir da Primeira Guerra Mundial que a integração em larga escala — em todos os setores centrais da produção industrial — da ciência e tecnologia estabeleceu-se como meio de avanço tecnológico. Tal processo se consolidou com a Segunda Guerra Mundial, envolvendo os Estados Unidos em uma divisão global do trabalho e permitindo seu destaque na economia mundial, dada a sinergia entre os setores militares e científicos no aprimoramento das tecnologias e estratégias de combate existentes. A guerra proporcionou uma explosão industrial e ações de regulação econômica nos EUA, mas também produziu transformações institucionais tanto em sociedades economicamente avançadas quanto para as demais.

A mobilização da indústria com vistas à expansão da produção de defesa passou a ser alternativa para o desenvolvimento tecnológico de uma nação, mas é importante perguntar até onde os Estados modernos são dominados pelos imperativos militares em termos de sua organização econômica básica. Giddens (2001) aponta que, para além de indicadores de gastos militares relativos ao Produto Interno Bruto, deve-se observar a canalização da produção em relação aos objetivos militares. No caso dos EUA, a existência de um "complexo militar-industrial" explicita vínculos de interdependência entre produção militar e as demais áreas, sendo as economias modernas tão confiantes nesse vínculo a ponto de constranger aqueles que detêm o poder político. Tanto militares quanto indústrias militares exercem influência considerável sobre o governo (PAVELEC, 2010; REISSMAN; MILLS, 1956), mas a diversidade de interesses existente entre esses diferentes grupos é prerrogativa da guerra industrializada, vinculada aos objetivos do Estado-nação no sistema internacional.

Entretanto, os próprios objetivos do Estado-nação no sistema internacional são constrangidos pela ordem internacional existente, pelo grau de ameaça e pelas alianças estabelecidas. Segundo de Robert Gilpin (1983), os propósitos e a natureza das instituições sociais são produto, sobretudo, do autointeresse e da distribuição de poder relativo entre os membros individuais. Os objetivos das instituições sociais e políticas refletem, portanto, os objetivos de seus membros mais poderosos. Para o autor, isso significa que, ao longo do tempo, os interesses dos atores podem se alterar, mediante inovações políticas, econômicas e tecnológicas. Portanto, a mudança política a nível sistêmico ocorre quando há um dissenso entre o sistema vigente e a distribuição de poder entre os atores nele inscritos (GILPIN, 1983).

Como apresentado por Resende-Santos (2007), a consolidação de uma trajetória institucional e as escolhas políticas realizadas ao longo dessa são produto também das necessidades da competição internacional. A competição na anarquia envolve o aperfeiçoamento das capacidades coercitivas, burocráticas e fiscais de um Estado. O investimento em capacidades militares está intrinsecamente relacionado às externalidades esperadas a nível social, político, econômico e tecnológico. Segundo o autor, práticas, instituições e tecnologias que garantiram uma vantagem competitiva a um Estado tenderão a ser emuladas pelos demais, entretanto, a emulação não ocorre com base em capacidades agregadas, mas sim em um conjunto de melhores práticas identificadas na experiência histórica (RESEN-DE-SANTOS, 2007).

Em uma revisão introdutória sobre o processo de desenvolvimento tecnológico e a consolidação de tecnologias com vistas ao fortalecimento do poder estatal, Andrea Gilli e Mauro Gilli (2019) afirmam que Estados menos desenvolvidos possuem menos limitações para alcançar o grau de desenvolvimento tecnológico existente em Estados concorrentes, dada a certeza quanto às possibilidades de emprego de tecnologias que já passaram por um processo de maturação e têm propósitos claramente definidos. Entretanto, a teoria realista de Relações Internacionais peca ao tratar da emulação de estratégias de potências dominantes como uma estratégia de fácil implementação. As evidências empíricas dessa afirmativa vinculam-se à persistência do investimento em inovação e à literatura econômica e social que atribui vantagens aos países e indivíduos que dão os "primeiros passos" em determinado setor, além disso se verificam dificuldades na inovação no setor comercial (GILLI, A; GILLI, M, 2019, p. 149).

Ainda segundo os autores, parte da bibliografia advoga que os fatores responsáveis pela facilidade de incorporação de tecnologias à indústria de defesa estariam vinculados à globalização, ao crescimento de tecnologias de uso dual e aos avanços comerciais e estratégicos. A globalização da indústria de defesa[1] marca uma significante mudança diante dos tradicionais padrões de produção de armamentos de forma independente, alterando a lógica em prol da internalização no desenvolvimento, na produção e na fabricação de armamentos. O processo de globalização compreende um amplo leque de atividades industriais, incluindo (i) transferência de tecnologia, (ii) subcontratação internacional, (iii) produção licenciada e (iv) codesenvolvimento e coprodução internacional de grandes sistemas de armas (BITZINGER, 1994).

A ênfase que a literatura sobre globalização da indústria de defesa confere às firmas dificulta a identificação da origem de produtos de defesa. Conforme Smith e Dunne (2018), as bases industriais de defesa podem abranger firmas com sedes em outros países ou firmas nacionais agregadoras de componentes importados (que podem possuir uso dual, não contabilizados como produtos de defesa). Os autores realçam que os argumentos pela manutenção da base industrial de defesa são predominantemente políticos, recorrentemente destacando os empregos gerados e os transbordamentos possíveis para o setor civil como forma de legitimar o investimento estatal. É necessário, portanto, delimitar o

---

[1] Entre os constrangimentos econômicos que geram a globalização da indústria de defesa, o autor elenca a diminuição dos orçamentos nacionais de defesa e a necessidade de compartilhamento de custos e riscos no desenvolvimento e fabricação das novas gerações de sistemas de armas, bem como a preservação de empregos e acesso a mercados externos. "Tornar-se global" passou a ser um componente crítico para as indústrias de defesa, objetivando alavancar os avanços tecnológicos de forma a consolidar estratégias governamentais de inserção internacional (BITZINGER, 1994, 2003).

papel do Estado no direcionamento da base industrial de defesa e no suporte à inserção da produção doméstica de defesa em cadeias globais de valor, bem como as implicações desse processo para os imperativos de segurança nacional.

A globalização apresenta um novo rol de desafios e oportunidades para Estados em estágios anteriores de desenvolvimento. Para autores como Peter Evans (1995), ao extrair recursos da sociedade a fim de organizar e monopolizar a violência, de forma a proteger o território de ameaças externas, o Estado se apresenta como defensor do interesse universal da sociedade. À medida que garantem suas fronteiras e sua sobrevivência política, os Estados tornam-se diretamente inseridos nos processos de acumulação e redistribuição do capital. O desenvolvimento não é somente uma trajetória local de transformação, mas é também definido pela relação entre a capacidade produtiva local e o arranjo global de setores, em mudança contínua. A preocupação com o desenvolvimento significa se preocupar com seu lugar na hierarquia da divisão de trabalho internacional e a produção industrial em defesa é mais um dos setores sensíveis à atuação estatal nesse marco estrutural.

1.2 PROBLEMÁTICA CENTRAL: GLOBALIZAÇÃO, CONSTRANGIMENTOS ESTRUTURAIS E O PAPEL DO ESTADO

Após a breve apresentação sobre o contexto histórico da indústria de defesa, esta seção encarrega-se de apresentar discussões adjacentes à problemática do ambiente internacional. Para tanto, retomam-se perspectivas da Economia Política relacionadas às respostas domésticas da literatura sobre o impacto e a natureza dos gastos em defesa, enfatizando o caráter da indústria de defesa para países em desenvolvimento e as externalidades engendradas pelo setor. Busca-se apresentar brevemente o modelo de análise a ser ampliado no marco teórico do presente trabalho, explicitando as bases teórico-conceituais que embasaram a delimitação das variáveis analisadas.

A viabilidade contemporânea do incentivo à indústria de defesa diz respeito a um ambiente internacional marcado por uma ordem internacional liberal (GUZZINI, 2013; IKENBERRY; KUPCHAN, 1990; MEARSHEIMER, 2019), tendo os EUA como superpotência capaz de projetar poder globalmente e garantir o maior nível de autossuficiência para sua base industrial de defesa. Os demais Estados buscam manter algum grau de autossuficiência em sua capacidade doméstica de produzir materiais de emprego militar (DEVORE, 2015, 2021). O dilema entre autarquia e eficiência permanece: para autores liberais, esse dilema é marcado pelas dinâmicas de comércio internacional e pela lógica das vantagens comparativas, o que possibilitaria a aquisição de produtos de defesa além da sua capacidade de produção doméstica (ANDERTON; CARTER, 2009) e se especializaria na produção de determinados sistemas de armas, com a expectativa de externalidades positivas vinculadas à dinâmicas de segurança coletiva (PAMP; DENDORFER; THURNER, 2018). Ao vincular o estudo da indústria de defesa à ordem internacional, este livro almeja contribuir para o debate propondo tipos de indústria de defesa — autóctone mínima, autóctone desenvolvida, globalizada mínima e globalizada desenvolvida — vinculados às restrições e possibilidades das configurações de polaridade do Sistema Internacional.

Apesar da preocupação com a sustentação e viabilidade comercial do setor, considera-se que tratar sobre a indústria de defesa implica romper com os limites dos pressupostos de racionalidade econômica neoclássica e lidar com componentes de segurança nacional. Esse relacionamento não é de simples justificativa à luz de teorias ortodoxas para a alocação de recursos. A racionalidade proposta na teoria econômica não sobrevive ao escrutínio dos Estudos Estratégicos, que têm, sobretudo a partir da obra de Carl von Clausewitz (2003), a incerteza como componente intrínseco ao conflito. Ademais, os leitores marxistas de Clausewitz enfatizaram a precedência da política sobre a guerra, sendo a segunda indissolúvel da ordem e dos objetivos almejados pela classe que conduz a guerra (HOWARD, 2008). Analisar, portanto, o contexto político em que a produção industrial de defesa se insere torna-se central para a compreensão da implementação de estratégias no setor e contribui para a elucidação das motivações pelas quais se persegue algum grau de autonomia nessa atividade. Como afirma Vieira (2018, p. 298), tal relação não é novidade para o campo das Ciências Sociais:

> Max Weber indicou que o esforço de guerra foi o grande impulsionador do processo de eliminação do estamento, ampliação da importância dos juristas e do conhecimento racional na gestão do Estado. O ponto culminante dessa evolução seria a burocracia moderna, baseada em normas racionais e hierarquizada segundo desempenho e eficiência, e não mais de acordo com critérios honoríficos ou místico religiosos. Segundo Weber, a burocracia moderna seria acompanhada pelo surgimento de um campo político profissional que substituiria o monarca na direção final do Estado. Por sua vez, o processo de burocratização e profissionalização política permitiria, via incorporação de normas racionais e do direito absoluto à propriedade, o desenvolvimento da mentalidade capitalista fundamentada no cálculo de custos e prejuízos e na valorização do trabalho e da acumulação industrial.

Se em sua formação, os Estados europeus extraíram recursos para financiar o emprego da violência e organizaram-se eficientemente de forma a fomentar o mercado interno e a inovação tecnológica, o acirramento da competição interestatal a partir do século XVII atuou como mecanismo de seleção e consolidou as formas institucionais que obtiveram sucesso na conduta da guerra (VIEIRA, 2018). Nesse processo, a autossuficiência da indústria de defesa esbarrou tanto na necessidade de importação de insumos quanto na necessidade de exportação de excedentes em busca de lucros. A partir do século XIX, com a difusão das ideias de Alexander Hamilton e Friedrich List — influenciadas respectivamente pelas dificuldades de suprimento estadunidenses durante a Guerra da Independência e pelos embargos europeus nas Guerras Napoleônicas —, a autossuficiência adquiriu centralidade na condução das atividades industriais-militares entre as potências mundiais (MORAVCSIK, 1991).

O incentivo à autarquia, entretanto, teria curta duração e o *trade-off* com a eficiência perduraria. A incorporação de técnicas avançadas de manufatura, originárias do setor civil, aumentou a participação de empresas privadas na produção de sistemas de armas e, ao fim do século XIX, essas tinham liberdade para comercializar para além de seus países-sedes. Essa atitude liberal permitiu a difusão tecnológica pelas fronteiras nacionais de países com capacidade industrial instalada. Ao fim da Primeira Guerra, o excesso de capacidade instalada explicitou a dependência das firmas para com seus países-sedes e a demanda por autossuficiência para a conduta de longas guerras de atrito diminuíram, sem interromper o comércio internacional. Como consequências da intensificação da P&D durante a Segunda Guerra, os custos fixos para os novos sistemas de armamentos aumentaram significativamente, conferindo vantagens a países com grandes mercados domésticos e alta disponibilidade de recursos, favorecendo a posição diferenciada dos EUA[2] (MORAVCSIK, 1991).

Uma segunda onda de pesquisadores da Sociologia Histórica busca entender o poder do Estado não somente a partir da capacidade de moldar e implementar políticas no ambiente doméstico, mas também como capaz de influenciar o ambiente internacional, mitigar a competição interestatal e solucionar dilemas de ação coletiva (HOBSON, 2002). Hobson (2002) sugere que a agência do Estado não está sujeita a uma lógica de exclusão de atores não estatais ou de grupos sociais, mas que essa pode ser aprimorada quando o Estado coopera e se incorpora ao poder social (EVANS, 1995; MANN, 1988; WEISS, 1997). O poder é produto de uma centralização de meios econômicos, militares e ideológicos, que irradiam até as fronteiras territoriais. Para Mann (1998), a sociedade civil provê os recursos

---

[2] Autores como William McNeill (1982) e Michael Best (1990) buscaram compreender a relação entre a competição interestatal e a evolução econômica sob a lógica da inovação em produtos e processos para a conduta da guerra. Ao passo que a Inglaterra se utilizou de bases políticas, econômicas e tecnológicas vinculadas ao poder naval, livre-comércio e manufatura, os EUA capitanearam inovações organizacionais que permitiram a efetiva alocação da ampla mão de obra disponível e da abundância de matérias-primas. Segundo Perez (1983), o papel estatal foi central para a transformação econômica estadunidense, marcado pelas aquisições de defesa, gerenciamento de demanda e mecanismos para redistribuição de renda.

necessários ao Estado, a fim de que esse responda a um conjunto de interesses demandantes, como a proteção da vida, da propriedade privada e de fatores funcionais: ordem interna, capacidades militares, infraestrutura e redistribuição econômica.

Entretanto, os Estados provenientes da descolonização não tiveram os mesmos incentivos ou possibilidades de ação que os europeus. O Estado tardio não surge a partir da barganha com a sociedade pela extração de recursos, mas sim como produto de interesses coloniais e da perpetuação de estruturas de dominação. A centralização de poder mediante contração de empréstimos e financiamentos externos apresentou-se como alternativa menos custosa e contribuiu para a continuidade da posição dependente das antigas colônias (BORBA, 2014; QUERALT, 2019). A herança colonial também se manifesta na perpetuação dos aparatos repressores construídos durante o domínio metropolitano que, na escassez de guerras interestatais travadas tal qual as guerras de formação estatal europeias, "[e]specializaram, então, muito mais no controle das populações civis e no combate aos insurgentes do que nas guerras entre Estado" (TILLY, 1996, p. 283). Há de se apresentar também autores como Immanuel Wallerstein e André Gunder Frank, que, utilizando-se da abordagem do Sistema Mundo, discorreram sobre o quanto da preponderância de Estados centrais é produto da exploração de Estados em estágios anteriores do desenvolvimento e o quanto a distinção entre Estados do centro, semiperiferia e periferia é uma condição necessária para o funcionamento da economia-mundo capitalista (HOBSON, 2000).

Autores como Mohammed Ayoob (1991) buscam contextualizar essas diferenças entre Estados industrializados e Estados em desenvolvimento, apontando a necessidade de analisar a formação para além da similaridade institucional entre os casos. Ayoob (1991) enfatiza o tempo requerido para a construção da identificação dos cidadãos para com o Estado e para consigo mesmos, processo que, em países colonizados, foi profundamente influenciado pelo aparato militar em prol da coesão interna. No último capítulo da obra *Coerção, Capital e Estados Europeus*, Charles Tilly (1996) enfatiza as diferentes consequências do poder militar no terceiro mundo, mas não deixa de ponderar sobre a interferência das grandes potências no processo de consolidação do aparato estatal. Tilly, entretanto, é otimista quanto à possibilidade do estabelecimento de instituições e do envolvimento do Estado na produção de bens e serviços como mecanismos fortalecedores[3] do controle civil.

Decisões domésticas estratégicas — entre elas, sobre os bens a serem produzidos e a quantidade desses — devem, portanto, ser feitas. Sua coordenação é ajustada à medida que se alteram as preferências, as tecnologias e os recursos. Nesse processo, diferentes países possuem diferentes sistemas para lidar com tais questões, estando o crescimento econômico definido pelo incremento na quantidade de bens e serviços produzidos à medida que cresce a oferta de trabalho e capital (ANDERTON; CARTER, 2009). Ademais, a heterogeneidade de estágios de desenvolvimento industrial e tecnológico entre os Estados impõe constrangimentos às possibilidades de autonomia de países de desenvolvimento tardio, em um contexto que reproduz assimetrias favoráveis aos países em posições de liderança (BLACK-WILL; HARRIS, 2016; WEISS, 2005).

Tem-se então que a posição relativa no sistema internacional influencia diretamente na delimitação de quais bens serão produzidos domesticamente, e que a competição interestatal pode constituir incentivos ao estabelecimento de uma base industrial de defesa (HOYT, 1996). Porém, ao ter o Estado como único comprador, esse aparato produtivo depende majoritariamente da sinalização e do investimento estatal. Conforme abordado na sequência, a relação dos gastos em defesa e do crescimento econômico são objeto de constante escrutínio e, segundo a literatura, podem interagir de formas variadas. A hipótese do *crowding-out* relaciona-se à ideia de que o incremento do gasto público pode reduzir o investimento privado, dado que o Estado passa a competir pela poupança com o setor privado (MAZZUCATO, 2014). O *crowding-in* também está

---

[3] Sobre esse aspecto, Victoria Tin-Bor Hui (2005) trabalha o processo de construção do Estado chinês e a superação da ingerência de elites autoenfraquecedoras no processo de extração de recursos para o exercício do governo e para a conduta da guerra.

ESTADO E INDÚSTRIA DE DEFESA EM PAÍSES EMERGENTES:
BRASIL, ÍNDIA, TURQUIA E ÁFRICA DO SUL

relacionado ao aumento do gasto público, mas de forma a otimizar a alocação de recursos, provendo bens e serviços que possam diminuir a incerteza e incentivar o investimento privado (FERNANDEZ *et al.*, 2018; MAZZUCATO, 2014).

Para além da dicotomia entre gastos públicos e privados, deve-se observar os mecanismos institucionais pelos quais o Estado aglutina interesses privados e obter lições dos casos em que esses foram mobilizados de forma a incrementar a promover o desenvolvimento industrial e a segurança nacional. A escalada na demanda por recursos para a produção de armamentos de mais alto grau de complexidade estado da arte ocasiona uma internacionalização das operações das indústrias de defesa. Esse processo objetiva financiar avanços tecnológicos, racionalizar os custos de P&D, obter ganhos via economias de escala e acessar mercados estrangeiros (BITZINGER, 2003).

A literatura sobre a relação entre gastos em defesa e crescimento econômico é extensa. A obra seminal de Emile Benoit (1978) propõe que os gastos em defesa podem mitigar o crescimento ao ocupar recursos que seriam melhor alocados em setores civis, mas também pode incentivá-lo mediante criação de empregos, provisão de infraestrutura e acúmulo de capital intelectual. Ao analisar 44 países em desenvolvimento tardio, Benoit conclui que os efeitos positivos compensam os negativos, sobretudo quando os gastos militares enfatizam programas com aplicação ao setor civil e liberam a força de trabalho em idade jovem à sociedade (BENOIT, 1978). Desde a obra de Benoit, diversos pesquisadores debruçaram-se sobre a questão dos gastos em defesa e sua relação com o crescimento econômico, incluindo novas séries temporais e amostras (DEGER; SEN, 1983; GROBAR; PORTER, 1989; LOONEY; FREDERIKSEN, 2000; SCHEETZ, 2002). A metanálise realizada por Alptekin e Levine (2012) permite afirmar que, apesar de existirem inconsistências metodológicas, há uma pequena correlação positiva no impacto dos gastos militares sobre o crescimento econômico. Entre as principais deficiências está a utilização de dados obsoletos, em grande parte dos casos, referentes ao período da Guerra Fria.

A inconsistência das análises quantitativas representa um desafio para a pesquisa científica. Smith (2017) levanta questionamentos quanto à objetividade dos gastos em defesa, construídos pelos governos de forma a realizar o planejamento e a contabilidade, sendo dependentes de salários, nível de renda nacional e custos de sistemas de armas. O surgimento de novas formas de financiamento, como parcerias público-privadas, e a falta de transparência nos dados de países menos democráticos[4] apresentam entraves à confiabilidade dos dados. O fato de expressar os gastos em uma moeda única, o dólar, também leva a distorções comparativas, com as quais já existe uma preocupação em construir indicadores baseados na paridade do poder de compra (PPP). O argumento de Smith (2017) é, portanto, que as características históricas qualitativas sejam apreciadas no estudo dos gastos em defesa. Ademais, Dunne (2011) alerta para a dificuldade de modelar estatisticamente a relação entre gastos militares e estímulo à economia, dadas as diferenças nas variáveis e na temporalidade dos estudos. Segundo o autor, modelos estruturais devem ter sua capacidade explicativa apreciada e contribuir para a construção de indicadores de determinantes estratégicos e políticos dos gastos militares, como as ameaças.

A análise e o desenvolvimento da indústria de defesa não podem, entretanto, estar limitados às aspirações materiais dos Estados ou a externalidades desejáveis cuja consolidação não acontece automaticamente[5]. A consolidação de uma base industrial de defesa não engendra somente uma maior segurança estatal, mas garante também maior grau de desenvolvimento tecnológico, inserção em mercados, efetividade de barganha internacional e um instrumento de transformação econômica. O grande desafio está em legitimar-se como um *player* no mercado de defesa sem apresentar-se como uma ameaça em potencial para a região e, em último caso, para a ordem internacional estabelecida. Esse componente é bastante sensível,

---

[4] A literatura sobre gastos militares também possui uma série de estudos quanto à influência do tipo de regime. Ver Bove e Brauner (2014), Fordham e Walker (2005) e Dunne e Perlo-Freeman (2003).

[5] Os gastos em defesa podem gerar *spin-offs*, como incrementos na educação e avanços na tecnologia (ANDERTON; CARTER, 2009).

dado que as relações internacionais não estão descoladas de componentes históricos que influenciam a percepção dos Estados quanto à ascensão ou rearmamento de desafiantes históricos.

O primeiro fator a ser considerado é a presença de ameaças. Como aponta Stephen Walt (1985), o Estado não busca o fortalecimento somente com base nas capacidades materiais dos desafiantes, mas sim na ameaça que esses são capazes de impor[6]. As capacidades agregadas incrementam sim o grau de ameaça percebido, mas sua ponderação está acompanhada da proximidade geográfica, da capacidade ofensiva e das intenções ofensivas. Esses componentes estão relacionados à capacidade de projeção de força, ao caráter dos meios disponíveis e à demonstração clara de intenções expansionistas[7] que justifiquem a busca pela maximização da segurança doméstica. Dessa forma, as decisões estatais são tomadas com base na posição estratégica e na distribuição relativa de capacidades (TALIAFERRO, 2000). Em países emergentes, a noção de ameaça considera também as ameaças domésticas, que podem vir a enfraquecer o regime e permitir a interferência externa mediante guerra por procuração (HOYT, 1996). A influência dos riscos e custos políticos domésticos influenciam diretamente no escopo do balanceamento a ser empreendido (SCHWELLER, 2004).

As alianças também engendram papel de destaque para o sucesso da indústria de defesa. Após a Segunda Guerra Mundial, economistas como Michal Kalecki (1962) observaram o fenômeno da coordenação de gastos militares entre os Estados-membros da Organização do Tratado do Atlântico Norte (Otan). O keynesianismo militar foi a forma encontrada pelo Estado de não competir com os lucros civis. Em um modelo de quatro setores (investimento, consumo dos trabalhadores, consumo dos capitalistas e defesa), somente os gastos militares não competem com o setor civil. Esse cenário

---

[6] Ademais, em um contexto de unipolaridade, a diferença de capacidades existente dos demais para o hegêmona significa de que esse poderá ser percebido como uma ameaça diante dos demais, independentemente de suas intenções declaradas (LAYNE, 1993), e os esforços empreendidos pelos EUA para maximizar sua própria segurança tendem a diminuir a segurança dos demais (TALIAFERRO, 2000).

[7] Intenções expansionistas que não estão descoladas de percepções históricas quanto ao comportamento de um determinado ator (COPELAND, 1997; JERVIS, 1978).

se aplica a economias fechadas em autarquia, mas sua transposição para o ambiente internacional se verificou na Alemanha Ocidental do pós-Segunda Guerra depois do fracasso do Plano Morgenthau[8]. A reconstrução econômica da Alemanha Ocidental fora estimulada pelo fornecimento de armamentos à Otan e pela importação de bens dos demais Estados-membros do tratado, processo que contribuiu para a estabilização das balanças comerciais e manteve a atividade econômica alemã (KALECKI, 1962; TOPOROWSKI, 2016).

As alianças militares estabelecidas são, portanto, determinantes para iniciativas comerciais e tecnológicas na indústria de defesa, setores em que a cooperação internacional tem objetivos securitários e é acompanhada de interesses em acesso a mercados, transferência de tecnologia e compensações econômicas. Esse cenário engendra tanto uma divisão internacional de trabalho, com países em desenvolvimento tendo acesso somente à tecnologia e à produção de produtos obsoletos, quanto uma dependência de insumos e de prestação de serviços dos países centrais. Mesmo que existam bens substitutos, o acesso a esses está condicionado a relações políticas de reconhecimento e aceitação.

Os Estados podem agir para influenciar a estrutura núcleo-periferia do Sistema Internacional: aqueles que estão no centro podem controlar o acesso às cadeias de mercadorias, fornecer infraestrutura e serviços, bem como favorecer ou dificultar os esforços dos demais, e aqueles que estão na periferia podem barganhar vantagens de custo (ARRIGHI, 1997). Em todo caso, mesmo que os Estados aprendam ou tenham a permissão de acessar os mercados internacionais, a agência estatal, sobretudo mediante políticas comerciais e industriais, ainda é fulcral para a aquisição de vantagens comparativas que mantenham a produção na fronteira tecnológica (PALMA, 2008, p. 40).

A ênfase desta obra está, portanto, no estudo da relação entre o ambiente externo e o papel do Estado para a produção industrial em defesa. Para tanto, consideram-se as possibilidades de ascensão

---

[8] Sobre o Plano Morgenthau, recomenda-se a leitura de *Germany is our problem* (1945), de Henry Morgenthau Jr.

de potências regionais (NOLTE, 2010) ou países da semiperiferia (ARRIGHI, 1997) no sistema internacional. Se durante a Guerra Fria países do leste asiático empreenderam mobilizações desenvolvimentistas, aproveitando-se da expansão do investimento externo, recursos humanos e um cenário internacional favorável (PORTER, 1998), o desafio atual está em vincular questões econômicas e securitárias nas regiões, observando os meios pelos quais as esferas se retroalimentam, sobretudo para identificação dos mecanismos utilizados pelos países emergentes em busca do reconhecimento e da participação na ordem internacional multipolar.

1.3 DESENHO DA PESQUISA

Esta seção apresenta a problemática, os objetivos, a metodologia e a justificativa da pesquisa. Em suma, explicita-se a necessidade de avaliar o contexto securitário, as alianças e ameaças, como variável independente, que orienta a identificação de determinados cursos de ação estatal e de disponibilidade de tecnologia e resulta em diferentes tipos de indústria de defesa: globalizada desenvolvida, globalizada mínima, autóctone desenvolvida e autóctone mínima. A justificativa está diretamente relacionada às possibilidades de ação estatal na ordem internacional contemporânea, ao questionamento à normatividade do transbordamento tecnológico e à alocação de recursos domésticos. A pesquisa emprega o método hipotético-dedutivo, possui caráter explicativo, adota ferramentas de mapeamento de processos e utiliza fontes documentais e bibliográficas.

1.3.1 Hipótese e objetivos

O presente livro avalia a relação existente entre o ambiente internacional e o papel do Estado na consolidação da indústria de defesa. A compreensão dessa constitui o objetivo geral do estudo. A problemática de pesquisa é o que explica o sucesso da indústria de defesa em Estados emergentes na ordem internacional pós--Segunda Guerra Mundial? A hipótese proposta é que o sucesso da indústria de defesa é condicionado à sua capacidade em tornar-se global, sobretudo mediante promoção de exportações que amortizem as barreiras de entrada e custos de produção. "Tornar-se global" implica aproveitar-se da interação entre fatores estruturais e domésticos. No nível independente, os tipos de ameaças — global, regional e baixa — percebidos (BUZAN; WÆVER, 2003) e o tipo de aliança — ao hegêmona, ao desafiante ou autonomista — constrangem a capacidade de mobilização, justificam estratégias de ação e condicionam o acesso aos bens, serviços e tecnologia. A nível interveniente, os tipos de Estado estabelecidos — predatório, intermediário e desenvolvimentista — e os papéis desempenhados pelo Estado — demiurgo, parteiro, cultivador e regulador — no processo de transformação industrial são determinantes para o tipo de indústria de defesa resultante. A síntese dos papéis do Estado está representada na Figura 1.

Figura 1 - Síntese dos papéis do Estado desenvolvimentista

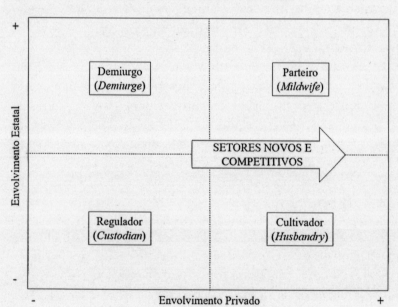

Fonte: elaborado pelo autor com base em Evans (1995).

Dentre as hipóteses auxiliares, tem-se que:

H1 – a indústria de defesa globalizada desenvolvida depende da presença de ameaça regional, aliança ao hegêmona e um Estado intermediário capaz de desempenhar todos os papéis, enfatizando aqueles com maior envolvimento privado;

H2 – a indústria de defesa globalizada mínima depende de um Estado aliado ao hegêmona, com ameaça mínima, de caráter intermediário e capaz de desempenhar todos os papéis;

H3 – a indústria de defesa autóctone desenvolvida depende de um Estado com ameaças regionais, postura autonomista e caráter desenvolvimentista, capaz de desempenhar os papéis de maior envolvimento estatal;

H4 – a indústria de defesa autóctone mínima depende de um Estado intermediário, aliado ao desafiante ou autonomista e capaz de desempenhar os papéis de maior envolvimento estatal.

O modelo causal está apresentado na Figura 2.

Figura 2 - Modelo de análise para globalização da indústria de defesa

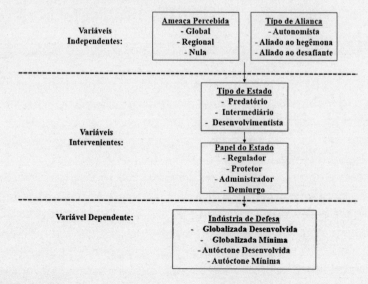

Fonte: o autor.

As interações e resultados propostos para as variáveis estão elencados no Quadro 1.

Quadro 1 - Combinações de variáveis e resultados esperados

Variáveis independentes		Variáveis intervenientes		Var. dep.
Tipo de ameaça	Tipo de aliança	Tipo de Estado	Papel do Estado	Indústria de Defesa
Regional	Ao hegêmona	Desenvolvimentista	Demiurgo Parteiro **Cultivador** Regulador	*Globalizada Desenvolvida*
Regional/ Baixa	Ao hegêmona	Intermediário	Demiurgo Parteiro Cultivador Regulador	*Globalizada Mínima*
Regional	Autonomista	Desenvolvimentista	Demiurgo Parteiro	*Autóctone Desenvolvida*
Regional/ Baixa	Autonomista/ Ao desafiante	Intermediário	Regulador Cultivador	*Autóctone Mínima*

Fonte: o autor.

As hipóteses para a indústria de defesa globalizada (H1 e H2) correspondem aos Estados que possuem acesso ao mercado internacional de produtos de defesa como importadores ou exportadores, ou seja, estão inseridos na ordem securitária hegemônica (NORRLOF; WOHLFORTH, 2019). Tais países são capazes de fornecer e operacionalizar equipamentos e serviços provados em combate e sua base industrial de defesa não depende exclusivamente de compras governamentais domésticas, possuindo capital político ou alinhamento suficiente para receber transferências de tecnologia ou ser incluída em programas de codesenvolvimento ou coprodução. A divisão entre desenvolvida e mínima se dá pela capacidade industrial e pela assertividade da atuação estatal. O tipo "desenvolvida" dispõe de uma capacidade industrial instalada, cujos produtos já estão estabelecidos no mercado internacional, e enfatiza o papel de cultivador, sinalizando o apoio governamental às empresas que ingressarem nos setores inovadores. O tipo "mínima" implica alta dependência externa para o fornecimento de componentes críticos, bem como baixa capacidade de operacionalização de P&D em produtos comercialmente viáveis.

As hipóteses para a indústria de defesa autóctone (H3 e H4) dizem respeito aos Estados que não estão vinculados à ordem securitária hegemônica, sejam eles autonomistas ou aliados a um desafiante. Dentre seus objetivos, pode-se elencar a minimização da dependência de fornecedores externos, maximização da autossuficiência nacional (DEVORE, 2021) ou a necessidade de contornar sanções econômicas. A indústria de defesa autóctone requer suporte popular para a mobilização de recursos e para a entronização de tecnologias já existentes e, portanto, está vinculada a papéis com maior envolvimento estatal, notadamente os papéis de demiurgo e parteiro. Pressupõe-se que o tipo "autóctone desenvolvida" é produto de uma postura autonomista, pois o empreendimento de políticas desenvolvimentistas em alinhamento ao desafiante pode enfraquecer a posição relativa desse último perante o hegêmona[9]. Por fim, a indústria de defesa "autóctone mínima" refere-se àqueles países com baixa capacidade de mobilização de recursos domésticos e pouca capacidade industrial. Países desse grupo podem preterir da existência de forças armadas ou manter uma base industrial de defesa voltada somente à manutenção da capacidade combatente disponível.

Especificamente, a obra tem por objetivo: (i) realizar revisão bibliográfica sobre o papel histórico da indústria de defesa em países em desenvolvimento, dialogando com os pressupostos teóricos das Relações Internacionais e da literatura de Capacidade Estatal; (ii) categorizar a indústria de defesa em países emergentes em quatro

---

[9] Essa hipótese não será testada neste momento. Apesar de nenhum dos casos observados corresponderem a esse, sugere-se que o tipo "autóctone desenvolvida" poderia ser encontrado no caso chinês, dados os esforços para balancear regionalmente os Estados Unidos mediante táticas antiacesso e de negação de área — A2/AD (DORNELLES JR., 2014) —, mas também pela corrida tecnológica atual, que torna a tecnologia um recurso sensível para a competição interestatal.

tipos — globalizada desenvolvida, globalizada mínima, autóctone desenvolvida e autóctone mínima — considerando o mercado internacional de armamentos e o ambiente securitário e doméstico de cada caso; (iii) comparar, de forma preliminar, a plausibilidade de hipóteses sobre como diferentes ambientes securitários e padrões de atuação estatal resultaram em diferentes tipos de indústria de defesa no pós-Segunda Guerra Mundial até o período contemporâneo.

1.3.2 Metodologia e justificativa

A partir da ampla literatura disponível relacionando gastos em defesa com crescimento econômico, tanto de forma positiva quanto negativa, o presente livro objetiva identificar de forma qualitativa (MAHONEY; GOERTZ, 2006; PORTA, 2008) as condições sociais e políticas, domésticas e internacionais para o desenvolvimento da indústria de defesa, explicitando a dimensão da atuação estatal nesse processo. A investigação possui caráter explicativo, utilizando-se do método de abordagem hipotético-dedutivo e do método histórico-comparado como procedimento. O método de procedimento é aplicado mediante o estudo de casos históricos, notadamente, a indústria de defesa de países em desenvolvimento em diferentes períodos — bipolaridade (1945–1991), momento unipolar (1991–2001) e multipolaridade desequilibrada (2001–atual). Os estudos de caso servem, inicialmente, para a estruturação de uma dimensão descritiva, fornecendo a base de estudos para fenômenos pouco abordados ou que necessitam de nova interpretação diante de dados indisponíveis previamente (VENESSON, 2008). Deve-se destacar que o livro não busca identificar particularidades de cada caso, mas sim as similaridades, de forma a elencar padrões causais e minimizar o caráter interpretativo da comparação (RAGIN, 2014).

Os casos observados são Índia, Turquia, Brasil e África do Sul. A escolha justifica-se pela recomendação básica de Giovanni Sartori (1970, 1991) de comparar comparáveis. Tais países compartilham características básicas contextuais e específicas relativas à indústria de defesa. Do ponto de vista contextual, são países emergentes[10], que não se enquadram nos critérios de *high income* do Banco Mundial nem de *Advanced Economies* do Fundo Monetário Internacional, mas que possuem capacidade de influenciar seus contextos regionais e, portanto, devem ser considerados importantes no Sistema Internacional (BUZAN; WÆVER, 2003; HOYT, 1996). Deve-se destacar também que os quatro casos selecionados fazem parte do rol de países que a literatura de Relações Internacionais (EDSTRÖM; WESTBERG, 2020) identifica como potências médias[11].

Dos casos selecionados, Índia, Brasil e África do Sul são países membros do Brics, mas com diferentes aspirações daquelas das duas grandes potências consolidadas do bloco, China e Rússia[12], bem como representam democracias pluripartidárias com cooperação incipiente (STUENKEL, 2012). Tais diferenças manifestam-se, sobretudo, no fórum de diálogo Ibas, estabelecido em 2003 por Índia, Brasil e África do Sul e caracterizado como uma coalizão estratégica em busca de interesses comuns para países em desenvolvimento, bem como uma plataforma para a cooperação sul-sul em âmbito bilateral, trilateral e inter-regional. No âmbito securitário, os países do Ibas convergiram em diversas agendas, como a proteção dos direitos humanos, o combate ao terrorismo, narcotráfico e comércio ilegal de armas, bem como o apoio às missões de paz sob a égide das Nações Unidas (FLEMES; VAZ, 2014).

---

[10] A Revolução Industrial permitiu que os Estados participantes produzissem riqueza econômica para além de suas necessidades de sobrevivência, de forma que essa fosse investida em equipamento e tecnologia para incrementar as capacidades de projeção de força. Sobre essa relação de acumulação nacional, recomenda-se a leitura de Anders, Fariss e Markowitz (2020).

[11] A Índia é identificada como potência média dado seu baixo PIB *per capita* e, mesmo possuindo armas nucleares, possui capacidades rudimentares de segundo ataque (EDSTRÖM; WESTBERG, 2020).

[12] Apesar de ser considerado um país de média-alta renda, a Rússia não se adequa ao escopo desta obra, afinal, o país herdou os espólios da União das Repúblicas Socialistas Soviéticas e ainda se apresenta como o principal exportador de sistemas de armas à nível internacional. A China, apesar de corresponder aos critérios elencados para a seleção de casos, não possui dados disponíveis nas bases do SIPRI. As consequências da participação estatal nas firmas, os ramos de atuação dessas e as considerações políticas do processo de exportação de armamentos chineses ainda não estão plenamente consolidadas na literatura internacional, mas são temas que não passam incólumes ao estudo das dinâmicas do comércio internacional de armamentos (BÉRAUD-SUDREAU; NOUWENS, 2021; YANG, 2020).

Mesmo que o fórum esteja esvaziado em decorrência de diferenças em agendas como a não proliferação nuclear, a importância estratégica limitada de Brasil e África do Sul e a dificuldade de estabelecer mecanismos de cooperação, os países atuaram em conjunto para influenciar instituições internacionais (FLEMES; VAZ, 2014). Ademais, a comparação interna entre tais Estados permite formular e testar hipóteses sobre diferentes trajetórias para a inserção da indústria de defesa em mercados globalizados no pós-Segunda Guerra Mundial. Tal contexto comum se prova necessário mediante o papel da Carta das Nações Unidas, na qual os Estados renunciam ao direito de utilizar a força unilateralmente; em suma, a existência de uma institucionalidade internacional orientada à solução de conflitos dificulta a legitimação de investimentos estatais com o setor de defesa.

No âmbito das características específicas semelhantes, importava encontrar casos com algum grau de projeção internacional da indústria de defesa contemporânea (século XIX), marcada pela demanda de globalização (BITZINGER, 1994). Nesse contexto, optou-se por casos cuja indústria de defesa avançou de maneiras distintas no tipo "globalizada" da variável dependente. Esse elemento de controle permite excluirmos da análise casos totalmente distintos que não se inserem nas dinâmicas de globalização de mercados. Esse critério é relevante para a concepção teórica desta obra (BITZINGER, 1994, EVANS, 1995) e para o contexto brasileiro, em que as compras governamentais não conseguem isoladamente sustentar o investimento na indústria de defesa. A escolha dos casos se deu a partir da observação da evolução do indicador das 100 maiores produtoras de armamentos e serviços no setor de defesa, elaborado pelo *Stockholm International Peace Research Institute* (SIPRI), a partir do ano de 2002.

Por outro lado, o contexto semelhante deve ser cotejado à escolha de casos com trajetórias históricas distintas e resultados minimamente distintos, combinando assim pontos fortes dos métodos da semelhança (recorte contextual) e diferença (causas e efeitos), de John Stuart Mill, de forma a obter generalizações empíricas. O método da semelhança busca identificar circunstâncias em comum que possam ser a causa do fenômeno a ser explicado. O método da diferença, por sua vez, utiliza casos com resultados negativos, ou seja, nos quais o resultado esperado não se concretiza, de forma a formular testes mais robustos para as hipóteses propostas (RAGIN, 2014). Para aprimorar a prospecção de casos, o indicador apresentado anteriormente foi filtrado pelo valor absoluto de gastos militares. Esse processo permitiu observar que os casos selecionados partiram de orçamentos de defesa semelhantes ao início do período histórico observado, mas empreenderam variações relevantes ao longo do tempo. A Figura 3, a seguir, demonstra a evolução dos gastos militares nos casos selecionados.

Figura 3 - Valores absolutos para gastos militares nos casos observados

Fonte: elaborado pelo autor com base em World Development Indicators (WDI, 2020)[13].

Igualmente, a seguir, observam-se outros fatores de distinção entre os casos, tais como a porcentagem dos gastos de defesa em relação ao Produto Interno Bruto e os valores de importação e exportação de produtos e serviços de defesa. Os dados de todos indicadores são relativos ao ano de 2019 e foram coletados junto ao Banco Mundial. O indicador relativo entre PIB e gastos em defesa permite inferir a importância que o país confere à sua posição no ambiente securitário e a consequente propensão à aquisição de arma-

---

[13] Disponível em: https://databank.worldbank.org/home.aspx. Acesso em: 27 jul. 2020.

mentos. Os indicadores de tendências em importação e exportação permitem inferir a relação existente entre a base industrial de defesa de um determinado país e o destino de sua produção.

Os valores de tendências (SIPRI TIV) são baseados em custos conhecidos para a produção de um conjunto de armamentos, priorizando a representação da transferência dos recursos militares em detrimento do valor financeiro absoluto das transferências (HOLTOM *et al.*, 2012). O indicador de tendência do SIPRI será utilizado em todos os casos ao longo do livro. Pressupõe-se que altos valores de exportação implicam independência ou complementariedade do mercado interno para garantir a sobrevivência de sua indústria de defesa, ao passo que altos valores de importação pressupõem dependência em relação a parceiros internacionais. O Quadro 2 apresenta os valores de cada indicador utilizado para a definição dos casos propostos.

Quadro 2 - Casos e indicadores utilizados com base no ano de 2019

	Brasil	África do Sul	Turquia	Índia
Gastos militares (% do PIB)	1,48	0,98	2,72	2,40
Gastos militares (absoluto US$)	$26.945.917.850	$3.465.133.038	$20.447.711.268	$71.124.980.463
Importação de armamentos (SIPRI TIV)	169.000.000	0	833.000.000	2.964.000.000
Exportação de armamentos (SIPRI TIV)	10.000.000	145.000.000	245.000.000	115.000.000
Comércio de armamentos – Import+ Export (SIPRI TIV)	179.000.000	145.000.000	1.078.000.000	3.079.000.000

Fonte: elaborado pelo autor com base em World Development Indicators (WDI, 2020).

Ademais, a ideia de comparar tais casos com diferentes localizações e variações na configuração geopolítica objetiva identificar condições que não se apliquem a uma região geograficamente circunscrita (PORTA, 2008). É necessário analisar em que medida a identificação de uma ameaça externa fornece incentivos e constrangimentos para o envolvimento estatal na consolidação da indústria de defesa. Os valores percentuais mais altos para os gastos militares nos casos de Índia e Turquia parecem um bom caminho para aprofundar tal relação. O caso brasileiro permite observar uma posição intermediária do país em sua inserção internacional e justifica-se, portanto, pela necessidade de observação de constrangimentos domésticos que impeçam a especialização em algum determinado setor. O caso da África do Sul pode iluminar o debate acerca do abandono da atuação estatal em prol da indústria de defesa, visto que o país conta com um orçamento estável e um baixíssimo nível de importação de materiais de defesa. Dentre os casos e períodos aqui observados, espera-se encontrar cada um dos tipos nos casos e períodos elencados no Quadro 3.

Quadro 3 - Tipos de indústria de defesa e casos esperados

Indústria de Defesa	Globalizada	Autóctone
Desenvolvida	Turquia (2001-presente)	África do Sul (1945-1989)
Mínima	Brasil (1989-presente)	Índia (1945-1989)

Fonte: o autor.

Como procedimento, a pesquisa se propõe a utilizar o método histórico-comparado, preocupando-se com a identificação de condições suficientes e necessárias para a comprovação da causalidade proposta. O método histórico-comparado surge para fortalecer as ligações entre História e Ciências Sociais, dando protagonismo ao contexto político por meio de mecanismos causais, processos e contingências históricas. (AMORIM NETO; RODRIGUEZ, 2016). A obra justifica-se pelo esforço na busca por caminhos para o desenvolvimento que impliquem benefícios diretos e indiretos à sociedade. Políticas públicas vinculadas à transformação industrial podem criar novos empregos e agregar renda à sociedade como um todo. Ademais, a identificação de trajetórias de sucesso, mediante ferramentas de mapeamento de processo (COLLIER, 2011; MAHONEY, 2012), permite a diminuição das incertezas envolvidas na formulação de políticas públicas para a indústria de defesa.

As fontes utilizadas serão revisão bibliográfica e documental. Fontes primárias geralmente são consideradas como documentos que refletem a posição de um ator e não possuem caráter analítico em si. Entretanto, é necessário observar que artigos de notícias e relatórios produzidos por organizações possuem um significado atrelado ao contexto político nos quais são elaborados (VROMEN, 2010). Dentre as fontes primárias utilizadas, enumeram-se documentos, relatórios e políticas nacionais de defesa. Fontes historiográficas serão utilizadas de forma a realizar uma leitura crítica e sintetizar informações de modo a entrelaçar a cadeia causal proposta (THIES, 2002).

1.4 ESTRUTURA DOS CAPÍTULOS E POTENCIAIS CONTRIBUIÇÕES DA PESQUISA

A estrutura da obra abrange cinco capítulos além desta introdução. O capítulo 2 constrói as bases teóricas para a análise da globalização da indústria de defesa em países emergentes, estando dividido em três seções destinadas a (i) discussão da relevância da indústria de defesa para as Relações Internacionais, países periféricos e desenvolvimento tecnológico; (ii) revisão bibliográfica quanto às teorias de balanceamento e hegemonia, percepção de ameaça e estabelecimento de alianças internacionais; e (iii) delimitação de condições domésticas necessárias à análise da indústria de defesa, segundo teorias da Sociologia Histórica, e de capacidade estatal para então delimitar a escolha de casos a serem observados.

Os capítulos 3, 4, 5 e 6 apresentam os casos de Índia, Turquia, Brasil e África do Sul, respectivamente. O ordenamento foi feito com base na participação no ranking das 100 maiores produtoras de bens e serviços de defesa elaborado pelo SIPRI. O caso indiano contou com três empresas durante todo o período abordado pelo indicador, entretanto, a forte presença estatal no setor industrial de defesa e os riscos no processo de aquisição levantam questionamentos quanto ao sucesso do país no setor. O caso turco teve um incremento de empresas participantes no ranking e revelou um menor envolvimento estatal no setor industrial de defesa. O caso brasileiro teve a entrada e posterior saída de uma mesma empresa no ranking, com alterações profundas na atuação estatal pós-Segunda Guerra. O caso sul-africano foi marcado pela saída da única companhia do ranking, mas as estratégias adotadas pelas companhias e a atuação estatal sugerem outro padrão de organização industrial e inserção internacional.

Os capítulos empíricos são espelhos. Em todos esses, enfatizam-se aspectos históricos da indústria de defesa, estruturais e domésticos, operacionalizados conforme o modelo de variáveis, de forma a observar a variação das estratégias domésticas internacionais concomitantes à distribuição de capacidades no sistema internacional, nos períodos de bipolaridade (1945–1989), de unipolaridade (1989–2001) e multipolaridade desequilibrada (2001–atual). Observam-se, respectivamente, as tendências domésticas de gastos militares, as implicações geopolíticas e a composição pública ou privada do setor industrial de defesa. Em uma quarta seção, o foco de análise volta-se especificamente para a indústria de defesa e os mecanismos de inserção internacional dessa.

O capítulo 7 sintetiza as conclusões de cada um dos demais capítulos, apresentando diferenças e similaridades em prol da identificação de características recorrentes à indústria de defesa dos países emergentes, comparados domesticamente em sua variação temporal e internacionalmente em seus diferentes condicionantes geopolíticos, arranjos burocráticos e resultados. Dentre as conclusões destacadas, Turquia e África do Sul, que se vincularam à ordem internacional e cujos Estados adotaram papéis de tipo cultivador, aproximam-se do tipo globalizada desenvolvida. Índia e Brasil aproximaram-se do tipo globalizada mínima, mas por diferentes motivos: a primeira por uma mudança recente na postura internacional e uma trajetória mal coordenada de atuação estatal mediante papel de demiurgo, e o segundo pela oscilação brusca no envolvimento estatal, que foi demiurgo, regulador, parteiro e atualmente tenta ser cultivador da base industrial de defesa, sem que siga diretrizes coerentes e estipule políticas de incentivo passíveis de avaliação.

2

INDÚSTRIA DE DEFESA, CONSTRANGIMENTOS SISTÊMICOS E O PAPEL DO ESTADO

O presente capítulo objetiva apresentar e relacionar a literatura de Relações Internacionais, de forma a demonstrar a permanência do papel estatal na consolidação da indústria de defesa. A vinculação dos objetivos de maximização securitária e autonomia no fornecimento de equipamentos às necessidades de infraestrutura, de forma a alicerçar políticas industriais, promoveram um ambiente fértil para a consecução de interesses estatais e privados. Na primeira seção, aborda-se de forma ampla a interpretação dos Estudos de Defesa e Relações Internacionais para a indústria de defesa e a tecnologia. Na segunda seção estão localizados os argumentos relativos às variáveis independentes deste estudo, notadamente o caráter das ameaças externas percebidas pelos Estados e as alianças estabelecidas, considerando as variações na ordem sistêmica. A terceira seção, por fim, versa sobre o conteúdo das variáveis intervenientes relacionadas ao Estado, apresentando os tipos e papéis propostos e o conteúdo de sua classificação.

2.1 INDÚSTRIA DE DEFESA NAS RELAÇÕES INTERNACIONAIS

A presente seção objetiva apresentar a importância histórica da indústria de defesa, relacionando o caráter econômico e político da área, marcado pelo embate entre alocação de recursos e interesses securitários. Inicialmente, são apresentadas algumas características da indústria de defesa e as transformações do setor diante da globalização[14] e contingenciamentos orçamentários. Posteriormente, são abordados os constrangimentos para países em estágios anteriores da industrialização, argumentando sobre a viabilidade da manutenção de algum grau de autossuficiência doméstica no fornecimento de produtos de defesa. Ao fim, apresentam-se alguns dos fatores que influenciam a capacidade de absorção de tecnologia, caracterizando-os e discutindo sobre a capacidade estatal necessária para a coordenação desse processo.

2.1.1 Retrospectiva teórico-conceitual

A Economia de Defesa é marcada pelo estudo da alocação de recursos, da distribuição de rendimentos, do crescimento econômico e da estabilização. O campo se relaciona de forma ampla com as Ciências Econômicas pela relação com variáveis macro e microeconômicas, sendo as primeiras manifestas pelo nível de emprego, resultados e crescimento e as segundas pelas firmas componentes da base industrial de defesa, programas colaborativos, transferência de tecnologia, regulação, precificação e lucratividade de contratos militares (SANDLER; HARTLEY, 1995). Dentro do campo de estudo, a provisão de segurança constitui-se como um bem público, cujos benefícios não são rivais ou excludentes dentro de uma nação ou para com seus aliados. A permanência da relevância do campo no pós-Guerra Fria é marcada pela expectativa de diminuições nos orçamentos de defesa[15], bem como no incremento dos custos dos sistemas empregados, forçando os governos a buscarem maior eficiência fiscal e as firmas a encontrarem formas organizacionais vantajosas, mas que mantenham o grau de confiabilidade necessário para o suprimento das demandas do mercado de defesa.

---

[14] Conceito definido como o processo de incremento quantitativo e qualitativo da interdependência entre unidades sociais no sistema global. Para uma definição mais ampla, ver Rennstich (2008).

[15] A globalização e pressões para a diminuição do papel normativo do Estado implicam a necessidade de novas formas para pensar a indústria de defesa. Trevor Taylor (1990) argumenta que as empresas estatais não podem mais ser vistas como a influência dominante no desenvolvimento e produção de equipamentos de defesa, dado o caráter multinacional que as relações de comércio nesse mercado têm adotado.

O contexto da indústria de defesa relaciona-se diretamente com a produção de inovação[16]: historicamente, inovações tecnológicas com propósitos gerais, bem como inovações técnicas e incrementais, apresentaram-se como fontes de crescimento econômico para os países. A indústria de defesa é frequentemente abordada como vetor para a inovação tecnológica, dada a possibilidade de indução e direcionamento em setores de P&D e na capacitação da mão de obra. Para os países na vanguarda da indústria de defesa, a maturidade do setor o transforma em um sustentáculo da economia nacional, ao passo que a transferência de tecnologia para países menos avançados os coloca em uma dinâmica que favorece o surgimento de inovações (RUTTAN, 2006). Por esse fator multiplicador de transformação estrutural, a indústria de defesa é vista como propulsora do desenvolvimento de tecnologias estratégicas, que capacita não apenas o setor militar, mas as condições de inovação da economia nacional.

Essa dimensão endógena do processo de inovação em defesa é abordada pela literatura de economia, sobretudo por autores identificados com a corrente neoschumpeteriana, principalmente pela análise evolucionária realizada por Nelson e Winter (1982). Os autores enfatizam papel das contingências históricas para os mecanismos de busca e seleção de formas organizacionais e técnicas produtivas pelo mercado. Da mesma forma, a teoria evolucionária da firma enfatiza o papel das estratégias e da interação entre firmas para a geração de um ciclo virtuoso de retroalimentação, organização produtiva e solução de demandas (ROHENKOHL; SANTOS; CASTELLANO DA SILVA, 2020). Essa literatura origina a análise dos sistemas de inovação, definidos como "[...] um conjunto de instituições cujas interações exercem papel fundamental para o desempenho inovativo" (NELSON, 1992, p. 349).

O imediato pós-Guerra Fria, entretanto, esteve marcado pelo encolhimento dos orçamentos de defesa e pelos custos crescentes para o emprego da força — sejam esses derivados de tratados e

---

[16] Definida pela OECD (1997, p. 55) como "[...] a implementação de um produto (bem ou serviço) novo ou significativamente melhorado, ou um processo, ou um novo método de marketing, ou um novo método organizacional nas práticas de negócios, na organização do local de trabalho ou nas relações externas".

regimes internacionais ou do aumento na complexidade tecnológica dos sistemas de armas — impondo restrições ao setor. Contemporaneamente, as consequências políticas dessa conjuntura implicam o questionamento dos limites quanto à autossuficiência almejada pelas grandes potências, do grau de internacionalização desejado para as indústrias de defesa, do balanço entre cooperação e competição capaz de aprimorar os processos de P&D e o acesso a mercados estrangeiros e como os governos podem — ou devem — controlar as exportações de materiais de defesa e transferência de tecnologia.

Bitzinger (1994) apresenta algumas trajetórias possíveis para a sobrevivência de indústrias de defesa nesse novo contexto. A primeira alternativa é a diversificação da produção, com vistas a atingir o mercado civil. Essa opção, segundo o autor (BITZINGER, 1994), não foi bem vista por empresas de porte médio e grande, que preferiram especializar-se e adquirir concorrentes. Outra alternativa apontada pelo autor consiste em alterar a ênfase comercial, colocando os mercados externos como fontes de renda prioritárias às aquisições do país de origem de determinada empresa. Em um contexto de promoção de inovação e concorrência capitalista, é necessário considerar que as firmas podem criar demandas endógenas e, a nível da indústria de defesa, aproveitar-se de tecnologias civis com finalidades variadas que contribuam para o aperfeiçoamento do material de emprego militar (ROHENKOHL; SANTOS; CASTELLANO DA SILVA, 2020).

A nível internacional, a alternativa tem sido pela internacionalização da pesquisa, do desenvolvimento e da manufatura de armamentos, sobretudo dentro de alianças militares como a Otan, de forma a promover a racionalização, a padronização e a interoperabilidade (da sigla em inglês RSI — *rationalization, standarization and interoperabilty*) no campo de batalha. Assim, na busca pela globalização da indústria de defesa, duas modalidades de relacionamento cresceram em popularidade a partir dos anos 1980: codesenvolvimento e coprodução. Enquanto a primeira envolve diversos países na avaliação do projeto e busca aprimorar o custo-benefício durante o ciclo de vida de um produto, a segunda vem para proporcionar economia de escala, integração de sistemas e produção de subcomponentes (BITZINGER, 1994). Entretanto, dificuldades na coordenação de projetos conjuntos[17] explicitam a permanência de um forte anseio pela autossuficiência nacional, o que dificulta a produção de inovações a partir de parcerias entre Estados.

Por isso, atividades industriais de âmbito privado são mais facilmente perceptíveis e mais comuns ao estudo da globalização da indústria de defesa. Dentre esses tipos de atividade, definem-se: (i) alianças estratégicas como acordos amplos, com intuito de explorar intenções comuns e compartilhar tecnologias; (ii) *joint-ventures*, que são uniões entre duas ou mais empresas de forma a explorar um objetivo comum; e (iii) fusões e aquisições, vinculações permanentes entre empresas, cujo objetivo consiste tanto em diminuir a concorrência quanto obter *know-how* e mercados em novos setores[18]. A globalização da produção de armamentos capitaneada pelo setor industrial é especialmente perceptível na porção oeste do continente europeu, de forma a criar uma rede regional (BITZINGER, 1994; DEVORE, 2014; NEUMAN, 2010).

As ligações transnacionais entre indústrias também se manifestam por meio de subcontratação, *offset*[19], uso dual[20], transferência de dados e pesquisa básica. Os subsistemas estrangeiros e o uso dual de tecnologias produzidas externamente representam um desdobramento do processo de globalização, conferindo vantagens aos países capazes de agregar diversos sistemas em um produto final (BITZINGER, 1994) e evidenciando o papel da coordenação política internacional mediante estabelecimento de alianças, conforme discorre-se posteriormente, no tópico 2.2.2. Ademais, pode-se inferir

---

[17] Bitzinger (1994) apresenta também as abordagens organizacionais utilizadas para a gestão de projetos conjuntos, notadamente os consórcios e as "famílias de armas".

[18] Sobre o processo amplo de internacionalização do capital, como esse reflete a robustez da estrutura produtiva e a carga normativa contida no termo "globalização", recomenda-se a leitura de Chesnais (1995).

[19] "Exigência de compensações comerciais, industriais e tecnológicas, imposta aos fornecedores estrangeiros de bens e serviços adquiridos pelas Forças Armadas" (RIBEIRO, 2017, p. 246).

[20] Tecnologias com aplicação tanto para o setor civil quanto para o setor militar. Conceito amplamente utilizado para justificar investimentos em pesquisa, desenvolvimento e aquisições de defesa (RUTTAN, 2006).

que, além do componente político-estratégico, programas colaborativos de desenvolvimento de sistemas de armas constituem um meio para a especialização industrial de países em desenvolvimento. O autor, entretanto, não adentra na discussão sobre os componentes estruturais do Sistema Internacional que fornecem incentivos para que os Estados se engajem nesse tipo de atividade.

Em suma, a emergência da indústria de defesa globalizada significa que a produção de armamentos em termos estritamente nacionais volta a responder à lógica da especialização, com impeditivos domésticos e internacionais diante da mobilização de recursos e incrementos nos gastos de defesa. O comércio de armamentos também não pode ser visto somente a partir de produtos finalizados: o *know-how*, a manufatura conjunta e o marketing são cada vez mais significantes no mercado globalizado. O artigo de Bitzinger, amplamente citado, foi publicado em 1994. Fica latente a preocupação com a proliferação tecnológica e com o surgimento de ameaças à segurança nacional dos Estados Unidos. Os efeitos de transbordamento de tecnologia militar em setores comerciais são apresentados como ameaças à posição econômica de países em estágios avançados de desenvolvimento tecnológico[21].

2.1.2 Indústria de defesa nos países em desenvolvimento

Nos países em desenvolvimento, a problemática da indústria de defesa abrange um contexto mais amplo, relacionado às particularidades da formação do Estado nacional. Ao passo que os países europeus ocidentais tiveram seu desenvolvimento burocrático retroalimentado por um conjunto de interações conflituosas, ou seja, utilizaram-se da guerra de forma a construir suas capacidades burocráticas, administrativas e coercivas (TILLY, 1996), os países do

---

[21] Apesar de pouca evidência empírica dos ganhos prometidos em projetos de colaboração internacional de armamentos, sobretudo quando entre diferentes firmas e países que se encontram em estágios semelhantes de desenvolvimento (DEVORE, 2014), o contexto atual e o acirramento da competição tecnológica entre EUA e China parecem oportunos para que se estudem os limites da posse de patentes e conhecimento tácito sem que se considerem os impactos da desnacionalização da base produtiva (BONVILLIAN, 2017; FUCHS; KIRCHAIN, 2010; TREGENNA; ANDREONI, 2020).

sul global, anteriormente colônias, enfrentaram desafios de outras ordens para a consolidação de seus aparatos burocráticos. Esses fenômenos serão discutidos posteriormente, ao passo que a presente seção se preocupa com a revisão dos imperativos geoeconômicos que influenciam o grau de desenvolvimento da indústria de defesa no sul global.

A dissertação de Timothy Hoyt (1996) busca apreciar essa problemática, enfatizando o impacto das percepções securitárias e da formação de políticas para os Estados produtores. Segundo Hoyt (1996), a industrialização militar de países em desenvolvimento é mais acentuada em Estados que experimentam maior envolvimento em rivalidades político-militares regionais[22]. As ameaças a países em desenvolvimento possuem caráter de ambições não completadas, tendo no processo de aquisição de armamentos um meio para a obtenção dos objetivos nacionais. Nesse contexto, a racionalidade da aquisição de sistemas de armamentos passa pela decisão entre importação ou produção, buscando balancear as estruturas de forças dos Estados vizinhos.

O interesse na expansão das capacidades militares dos países em desenvolvimento começou por volta dos anos 1960, momento em que se superou o modelo de transferência de excedentes da Segunda Guerra Mundial e quando esses países começaram a adquirir aeronaves supersônicas e mísseis, tendo as duas superpotências do período como principais fornecedoras. Nas décadas de 1970 e 1980, a complexidade tecnológica dos sistemas de armas vendidos pelas superpotências e o emprego desses em conflitos regionais retomaram o ímpeto de países em desenvolvimento para a consolidação de suas indústrias de defesa, tendo esses atingido seu auge de 1970 a 1985 (HOYT, 1996).

Hoyt (1996) identifica quatro padrões de abordagens teóricas no estudo da indústria de defesa em países em desenvolvimento: (i) estrutural/dependência, (ii) econômica/desenvolvimento, (iii)

---

[22] O autor considera a natureza das ameaças dos países em desenvolvimento como uma variável de difícil abordagem, dada a fragilidade interna e as ameaças à manutenção do regime. Esse ponto será explorado posteriormente.

dominância/sistema mundo e (iv) histórico/sistêmica. A primeira enfatiza a natureza do poder político-militar na Guerra Fria, marcada pela transferência de tecnologia, conhecimento, equipamento e treinamento de potências desenvolvidas, em uma relação de dependência para com fornecedores externos, enfatizando a importância do incremento na autossuficiência via programas de substituição de importações, a exemplo do caso indiano.

A segunda apresenta enfoque nos custos de oportunidade, relacionando os gastos militares com o crescimento nacional, tendo, no incentivo ao complexo militar-industrial, um meio político para iniciar objetivos econômicos e de defesa. Para o autor, Brasil, Singapura e Israel são exemplos de indústrias de defesa orientadas à exportação, que buscam competir com outros fornecedores em produtos com maior nível de tecnologia agregada. Entretanto, segundo o autor, há pouca evidência da verificação da exportação como incentivo primário para a indústria de defesa, funcionando predominantemente como uma forma de justificativa (BRAUER; DUNNE, 2011; HOYT, 1996).

A terceira abordagem enfatiza a estratificação das capacidades industriais, econômicas e militares no sistema-mundo, questionando a capacidade de países em desenvolvimento para absorver tecnologias e comercializar produtos de alto valor agregado. Já a quarta abordagem, sistêmico/histórica, congrega elementos das demais abordagens localizando-os temporalmente, identificando processos de variação e continuidade e tipificando estratos na inserção de países na indústria de defesa, enfatizando a difusão de tecnologia desde países na fronteira do conhecimento até, na camada mais baixa, países que não possuem acesso ou conhecimento para a utilização dessa indústria (HOYT, 1996).

As motivações domésticas para a produção autóctone de armamentos variam de embargos comerciais, motivos estratégicos preemptivos, componentes de política externa, implementação de uma política de industrialização doméstica ou estratégias para a promoção de exportações e do comércio internacional. A exportação de sistemas de armamentos é um mercado de nicho, sensível às mudanças nas condições de mercado e a evidência empírica sugere que, atualmente, a indústria de defesa dos países em desenvolvimento é profundamente dependente de capacidades industriais civis já estabelecidas (BRAUER; DUNNE, 2011).

Em períodos de alta polarização internacional, as políticas militares e industriais obedecem a uma lógica de curto prazo, enfatizando projetos aplicáveis ao contexto de ameaças regionais, estando sob constante escrutínio quanto aos *trade-offs* existentes na alocação de recursos nacionais. Com o declínio das ameaças securitárias, fatores burocráticos de preferência, prestígio e benefícios potenciais se tornam mais importantes na determinação de estratégias. Os imperativos normativos da indústria de defesa em países em desenvolvimento dizem respeito a criar uma infraestrutura para manufatura de suprimentos às forças armadas, maximizar — ao menor custo — a qualidade do equipamento existente, desenvolver e produzir itens indisponíveis para com fornecedores externos e, por fim, desenvolver produtos adequados às demandas geográficas regionais (HOYT, 1996).

Na América Latina, Scheetz (2002) argumenta que, mesmo após as transições democráticas, os gastos em defesa tiveram efeitos negativos sobre o desenvolvimento em consequência de escolhas políticas inadequadas. Para o autor, esse contexto é fruto da falta de controle civil sobre as forças armadas e da abertura comercial — que diminuiu o papel da defesa na análise dos riscos nacionais e impôs restrições ao processo de aquisição de sistemas de armamentos. Segundo o autor, a dívida pública deixou de ser um mecanismo de investimento em defesa e concentrou-se no pagamento de taxa de juros. Entretanto, o autor demonstra que mesmo a diminuição dos gastos militares não foi capaz de influenciar os indicadores macroeconômicos. Ademais, a análise macroeconômica, quando realizada exclusivamente mediante observação de indicadores absolutos, ignora as dotações destinadas a pensões, volatilidade das taxas de crescimento e a importância qualitativa da coerência política doméstica quanto à agenda da defesa.

Scheetz (2002) infere, com base em uma análise macroeconômica, que, frequentemente, o custo marginal dos gastos em defesa é maior que seu benefício marginal. Isso não significa que a provisão de defesa não seja um bem público, mas sim que as políticas de defesa ineficazes respondem a uma racionalidade institucional, utilizando-se da burocracia estatal para fortalecer determinados atores mediante relações clientelistas e movimentos de capitalização política. A integração da indústria de defesa à sociedade depende, em grande parte, da capacidade industrial instalada no país (BOHN, 2014), de forma a facilitar a justificativa dos investimentos relacionados ao setor, e deve, segundo Scheetz (2002), ser capaz de garantir a provisão da defesa, não ser percebida como uma ameaça pelos países vizinhos e, por fim, respeitar a política macroeconômica nacional. A análise doméstica do Estado, portanto, assume caráter central para a compreensão do papel que esse pode assumir no direcionamento da indústria de defesa, observando as limitações quanto à extração de recursos da sociedade, sua legitimação e as características de seu aparato burocrático.

2.1.3 Barreiras de entrada e acesso à tecnologia

Grande parte da bibliografia de Relações Internacionais identifica a tecnologia como um choque exógeno, uma variável independente capaz de alterar a distribuição de capacidades militares ou econômicas, mas que somente incorrerá em vantagens quando efetivamente incorporada à doutrina de emprego militar. Segundo Duarte (2012b, p. 16), "[...] é comum que uma inovação de equipamento ou procedimento, que produza reconhecidamente ganho de desempenho combatente, seja descartada por ser incompatível com outros aspectos de emprego de uma organização militar". Essa relação causal, entretanto, não priva a estrutura de agência: as mudanças no ambiente de competição internacional e o surgimento de determinadas tecnologias implicam novos setores de vanguarda, alteração de preferências individuais e estabelecimento de um novo conjunto de normas para interação entre os atores individuais. Ademais, a natureza da tecnologia e o envolvimento do setor público em seu desenvolvimento — mediante fatores como propensão social e burocrática à incorporação de inovações — engendram resultados espacialmente diferenciados (DREZNER, 2019).

Argumentando que a indústria de defesa a nível internacional é um indicador preciso da estratificação do poder no Sistema Internacional pós-Guerra Fria, Stephanie G. Neuman avalia as formas pelas quais os Estados Unidos utilizam-se de seu setor industrial de defesa como instrumento de poder. A autora define poder como a habilidade de um Estado em buscar a realização de seus objetivos a partir da persuasão. A influência, um instrumento da persuasão, é parte do processo de aceitação do comportamento consistente com os objetivos do Estado que exerça poder (NEUMAN, 2010). Para a autora, o pouco conhecimento existente quanto às atividades das indústrias de defesa no "terceiro mundo" é um indicativo da baixa inserção dessas em atividades globalizadas (NEUMAN, 2010, p. 108).

A retrospectiva realizada por Drezner (2019) demonstra que a inovação tecnológica é a responsável pela manutenção do crescimento econômico e dos níveis de produtividade em países desenvolvidos[23]. Análises predominantemente econômicas referem-se à promoção da inovação de forma racionalista, enfatizando a disponibilidade, sofisticação e tamanho dos mercados de capital bem como a alocação de recursos e habilidade empreendedora. Entretanto, deve-se compreender que a difusão tecnológica não acontece livremente (GILLI, A; GILLI, M, 2019; HOROWITZ, 2006) e, por vincular explicitamente economia e segurança, variações na produção industrial de defesa podem demonstrar o fortalecimento de Estados no sistema internacional, materializando esforços para

---

[23] A indústria de defesa é central na discussão quanto ao papel da guerra na formação do Estado. Chin (2019) afirma que a tecnologia é parte fundamental desse cenário, alterando os espaços onde a competição interestatal acontece. Para o autor, a persistência da ampla estrutura de P&D nos Estados Unidos no pós-Guerra Fria é consequência da ascensão de formas de guerra cada vez mais intensivas em capital, com maiores necessidades tecnológicas e especialização de combatentes e equipamentos. A incerteza quanto à maturidade tecnológica e a identificação de tecnologias com potencial de desencadear um novo ciclo de inovação levam os Estados centrais a financiar e apoiar politicamente a estrutura de P&D.

desenvolvimento e entronização de tecnologias estratégicas e de vanguarda, não disponíveis no mercado e protegidas por seus detentores (WEISS, 2014).

Grande parte do mérito deste trabalho vai ao encontro da análise de Drezner (2019, p. 289), que recapitula as dinâmicas de competição internacional como um catalisador do processo de inovação tecnológica. O autor enfatiza o papel da polaridade do sistema internacional na competição interestatal: a unipolaridade implica uma diminuição na produção de inovações tecnológicas, dada a disparidade de capacidades entre o hegêmona e os potenciais competidores; entretanto, há de se considerar que esse momento unipolar fornece condições para que desafiantes formulem políticas de nivelamento tecnológico, tendo à disposição a experiência dos sucessos e fracassos de outros Estados (GERSCHENKRON, 1962). O período atual, a ser observado a partir da Guerra ao Terror, é marcado por uma multipolaridade desequilibrada, que por sua vez fornece a maior possibilidade de combinações entre segurança e insegurança — seja no nível global ou regional — e, consequentemente o acirramento do processo de surgimento e difusão de inovações (MEARSHEIMER, 2001).

Drezner (2019) constrói uma tipologia, apresentada no Quadro 4, baseada na variação de custos fixos e do setor determinante para a promoção de determinadas tecnologias: (i) tecnologias com altos custos fixos e dominância do setor público são fontes de prestígio[24] internacional — a exemplo da tecnologia nuclear; (ii) tecnologias com altos custos fixos e dominância do setor privado são tecnologias estratégicas, diferenciando-se pelo amplo espectro de aplicações civis; (iii) tecnologias com baixos custos fixos e dominância do setor público são bens públicos — marcados pela baixa lucratividade e desinteresse do setor privado; (iv) tecnologias com baixos custos fixos e dominância do setor privado são tecnologias de propósito geral, a exemplo da internet.

---

[24] O prestígio, segundo Robert Gilpin (1983), é a reputação pelo poder, sobretudo pelo poder militar. O prestígio se refere às percepções dos outros Estados sobre a capacidade, habilidade e propensão ao exercício do poder material por um Estado que o detenha. Gilpin trata o prestígio como "moeda de troca" das relações internacionais, pois diminui a necessidade de emprego da força por um Estado, dada a credibilidade quanto aos impactos esperados do seu emprego. Por fim, apesar de poder ser aperfeiçoado pelas capacidades militares e econômicas disponíveis, a fonte primeira de prestígio é a vitória militar.

ESTADO E INDÚSTRIA DE DEFESA EM PAÍSES EMERGENTES: BRASIL, ÍNDIA, TURQUIA E ÁFRICA DO SUL

Quadro 4 - Tipologia e exemplos de inovação tecnológica

Setor dominante	Público	Privado
Custos fixos		
Altos	Prestígio (nuclear)	Estratégica (aviação civil, 5G)
Baixos	Pública (bens públicos – não rivais e não excludentes)	Propósito geral (drones, inteligência artificial)

Fonte: adaptado pelo autor com base em Drezner (2019).

A tipificação realizada por Drezner (2019) a respeito do caráter da tecnologia ajuda a explicar por que determinadas tecnologias militares não se difundem com facilidade, e como as características dessas influenciam diretamente sua capacidade de dispersar e influenciar na política internacional (GILLI, A; GILLI, M, 2019; HOROWITZ, 2006). A adoção de tecnologias militares implica necessidade de capital humano, conhecimento tácito e práticas organizacionais, limitando o número de Estados que detenham a capacidade de adotar efetivamente tecnologias de estratégicas ou de prestígio[25]. A análise do ecossistema de inovação e produção pode fornecer as respostas sobre a dificuldade de imitação em tecnologias de propósito geral, com dualidade reconhecida.

Segundo Duarte (2011, 2012a), a maioria das tecnologias ocasiona mudanças incrementais na capacidade combatente[26], não sendo responsável pela geração de objetivos. As mudanças devem ser analisadas a partir dos resultados positivos nos âmbitos

---

[25] A capacidade estatal de coordenar os processos de P&D e produção é abordada na literatura econômica sobre Sistemas Nacionais de Inovação (DOSI *et al.*, 1988; MOWERY, 1998; NELSON; WINTER, 1982). Dombrowski e Gholz (2006) discorrem sobre esse processo de forma aplicada à transformação militar, enfatizando a coordenação política e o papel da doutrina como condicionantes para entronização de inovações.

[26] Definida pelo autor como "[...] a combinação entre os seus sistemas de armamentos e as técnicas e regras de emprego desses sistemas pelas tropas dentro de uma estrutura organizacional combinação entre os seus sistemas de armamentos e as técnicas e regras de emprego desses sistemas pelas tropas dentro de uma estrutura organizacional" (DUARTE, 2011, p. 74).

tático, estratégico e político. Para o autor, a relação entre a guerra e a tecnologia está imersa no grau de participação popular, na disponibilidade de recursos a serem extraídos da sociedade e na aquiescência do ambiente social quanto às mudanças tecnológicas e institucionais. O papel do Estado, é, portanto, "[...] dar orientação aos esforços militares em função de efeitos políticos específicos" (DUARTE, 2012a, p. 80).

Em virtude da competição interestatal e da intensidade tecnológica possuída pelos principais atores, a vanguarda da indústria de defesa envolve altos custos fixos. Ao tentar caracterizar as possibilidades de aquisição e emprego de diferentes tecnologias por países em diferentes graus de desenvolvimento tecnológico, Daniel Drezner (2019) propõe as categorias de (i) tecnologia de prestígio e (ii) tecnologia estratégica. A primeira, mediante evidências provenientes de Estados como Coreia do Norte e Paquistão, implica uma posição de grande potência no Sistema Internacional, sem que tal *status* engendre benefícios econômicos a partir da socialização internacional. A segunda pode nos levar a pensar em grandes conglomerados e nas relações simbióticas desses com a infraestrutura de P&D dos Estados em que suas sedes estão localizadas, vinculando um componente de articulação política internacional para a comercialização de seus produtos.

O setor militar possui sua própria agenda, lógica e imperativos, mas tudo isso continua profundamente enraizado em fatores políticos. Mais que a simples posse de sistemas de armas, a capacidade de produção avançada e comercialização desses sistemas também constituem instrumentos de política externa capazes de cooptar aliados e estabelecer dilemas de segurança com rivais potenciais (BUZAN; WÆVER; DE WILDE, 1998). É necessário, portanto, versar sobre os constrangimentos e incentivos sistêmicos existentes, manifestos pela identificação de ameaças externas e pela possibilidade de estabelecimento de alianças internacionais, para analisar os potenciais de difusão tecnológicas e o acesso de países em estágios anteriores de desenvolvimento a tecnologias de vanguarda.

2.2 CONSTRANGIMENTOS ESTRUTURAIS À CONSOLIDAÇÃO DA INDÚSTRIA DE DEFESA

Esta seção objetiva contextualizar as dinâmicas do Sistema Internacional, de forma a apresentar fatores sistêmicos que influenciam na formulação de políticas para indústria de defesa. Para tanto, identifica-se o debate sobre as diferentes correntes que permeiam o Realismo Estrutural das Relações Internacionais e o papel das estruturas internacionais no constrangimento dos atores individuais. Inicialmente, discutem-se as premissas e condições para o estabelecimento de balanças de poder e para a consolidação de hegemonias. Posteriormente, são apresentadas as dinâmicas de competição interestatal e de percepção de ameaça, enfatizando o papel dessas para a decisão de promover ou não estratégias de balanceamento. Por fim, é realizada discussão sobre o papel das alianças no sistema internacional, abordando os tipos de aliança que podem existir, os fatores que favorecem o estabelecimento dessas e os benefícios esperados por cada ator quanto à proteção e ao acesso a tecnologias que possam catalisar o desenvolvimento da indústria de defesa doméstica.

2.2.1 Balança de poder e ameaças

Ao longo da evolução da teoria de Relações Internacionais, a observação de relações de causalidade oriundas da estrutura do sistema internacional assumiu papel preponderante (WALTZ, 1959, 1979). Com base em Kenneth Waltz (1959, 1979), os Estados no sistema internacional — anárquico e populado por unidades que almejam sobreviver — buscam maximizar sua própria segurança. A necessidade por segurança advém da existência de algum tipo de ameaça, manifesta pela possibilidade de que existam Estados predatórios no sistema internacional (SCHWELLER, 1996). A guerra, meio último para um fim político, é, para os realistas, produto da interação entre Estados satisfeitos e Estados revisionistas, envolvendo tanto o conflito direto quanto o dilema de segurança (JERVIS, 1978;

LEVY, 2002). Para as correntes realistas estruturais, o objetivo dos Estados é garantir sua sobrevivência mediante balanceamento em um sistema anárquico (FENG; RUIZHUANG, 2006).

As duas correntes do Realismo Estrutural (também denominado Realismo da Balança de Poder ou Neorrealismo) oferecem diferentes respostas quanto à existência e às consequências de incentivos expansionistas. Neorrealistas ofensivos apontam a anarquia como incentivo para expansão quando os ganhos esperados superarem os custos. Neorrealistas defensivos afirmam que os incentivos para a expansão só existem dentro de determinadas condições, que, por não estarem claramente definidas, geram um contexto de insegurança sistêmica e hostilidades mútuas (TALIAFERRO, 2000). Ambas as correntes neorrealistas, entretanto, ignoram a importância de objetivos revisionistas como força motriz por trás de sua lógica para ação dos Estados no sistema internacional. Essa é a ênfase do argumento de Randall Schweller (1996). Para ambas as correntes teóricas, o foco dos Estados na política internacional está condicionado à busca da sobrevivência em um sistema anárquico. Isso significa dizer que, apesar de a guerra não ser constante, o temor dessa ameaça a segurança dos Estados, e, portanto, esses buscam diminuir as chances de ter perdas relativas. Se a anarquia faz com que todos os Estados se sintam inseguros, a questão de "quem ganha mais" torna-se imperativa na condução da política internacional.

Em uma discussão sobre as condições que causam o balanceamento ou o *bandwagon*, Stephen Walt (1985) apresenta[27] a percepção de ameaça como fator determinante para o estabelecimento de alianças no sistema internacional. Para o autor, o nível de ameaça percebido está condicionado (i) ao poder agregado, (ii) à proximidade geográfica, (iii) à capacidade ofensiva e (iv) às intenções ofensivas.

---

[27] É importante salientar que a análise de Walt (1985) se atém à formação de alianças, portanto, refere-se ao balanceamento externo, marcado pela coadunação de dois ou mais Estados de forma a resistir a uma coalizão ou a um terceiro percebido como ameaça. O *bandwagon*, por sua vez, consiste no estabelecimento de uma aliança para com o Estado ou coalizão desafiante, seja como forma de apaziguamento, seja observando a possibilidade de ganhos futuros em caso de vitória militar. Estados fracos estão mais vulneráveis a pressões externas e não dispõem de capacidades suficientes para influenciar o resultado das disputas, portanto, são mais propensos a realizar *bandwagon*.

A primeira variável é facilmente mensurável utilizando indicadores de capacidade agregada, a exemplo do *Composite Index of National Capability*[28], mas não pode ser tratada como mecanismo causal para a percepção de ameaça, pois pode ser utilizada tanto para intimidar inimigos quanto para recompensar aliados. Deve-se destacar, também, que a percepção de ameaças não causa diretamente um comportamento de balanceamento, sendo esse uma estratégia defensiva para evitar ganhos relativos dos competidores, mas que pode ser preterido em prol do *bandwagon*, isolamento ou cerceamento[29] (EDSTRÖM; WESTBERG, 2020).

A segunda variável apresentada por Walt (1985) diz respeito à capacidade de projeção de poder e a diminuição dessa à medida que as distâncias aumentam. Estados pequenos e que fazem fronteira a uma grande potência podem adotar o comportamento de *bandwagon* dada a disparidade de capacidades e os recursos necessários para o balanceamento. Esse tipo de *bandwagon* é chamado ofensivo, pois é motivado primariamente por perspectivas de ganhos futuros. O *bandwagon* defensivo está vinculado a concessões unilaterais a Estados ou alianças, de forma a promover a manutenção da segurança doméstica (EDSTRÖM; WESTBERG, 2020). A terceira variável, a capacidade ofensiva, relaciona-se diretamente à proximidade e diz respeito aos tipos de armamentos possuídos pelos Estados: se a conquista militar acontecer de forma rápida, não há porque nutrir esperanças ou destinar recursos às tentativas de balanceamento. O relacionamento entre proximidade e capacidade ofensiva é o responsável pela criação de esferas de influência.

Por fim, Walt (1985) enfatiza intenções ofensivas de um determinado Estado e o papel que essas desempenham na formação de alianças. Se as intenções forem percebidas como inevitavelmente agressivas, os demais Estados evitarão o *bandwagon*: quanto mais

---

[28] Um indicador dominante na produção científica de Relações Internacionais, mas com distorções conhecidas quanto ao peso de recursos latentes, conforme apresentado por Beckley (2018).

[29] As estratégias de cerceamento (do inglês *hedging*) não serão aqui abordadas, mas dizem respeito à adoção de opções políticas simultâneas (cooperação interestatal e institucional) para diminuir o espaço de atuação de uma grande potência (EDSTRÖM; WESTBERG, 2020).

agressivo ou expansionista um Estado parecer, maior a possibilidade de engendrar uma coalizão opositora. A ameaça de uso da força é um componente central no estabelecimento de uma posição no sistema internacional, estando sua concretização condicionada aos vieses dos tomadores de decisão e aos custos políticos do emprego de mecanismos de força. A percepção de ameaça que precede a decisão de balancear emerge, portanto, de uma situação de hostilidade armada, na qual Estados competidores estimam ganhos superiores às perdas em caso de disputa militar, ameaçando a segurança nacional em função das capacidades e intenções[30] (FORDHAM, 1998; SCHWELLER, 2004; SINGER, 1958).

É importante elucidar as contradições do processo de definição de ameaças (FORDHAM, 1998). Um incremento qualitativo e quantitativo nas ameaças definidas implica maiores riscos e custos de oportunidade para o uso da força, o que pode tornar outros meios políticos mais atrativos. Para Fordham (1998), a influência da política doméstica e das circunstâncias econômicas acentua o fato de que os interesses nacionais[31] não são produtos do sistema internacional, mas sim construções simbólicas de atores políticos cujo sucesso é consequente dos meios escolhidos para lidar com as ameaças. Assim, a análise do balanço de ameaças, como comportamento recorrente nas relações internacionais, e do processo de balanceamento em casos específicos implica, portanto, adentrar aos estudos de segurança internacional, seja no viés material (ameaças concretas) ou imaterial (percepções e securitização[32]).

Para Stephen Krasner (2016), ameaças securitárias provenientes de entidades fracas, tanto estatais quanto não estatais, podem afetar a maneira como o sistema internacional está orga-

---

[30] Fordham (1998) apresenta um modelo de condições domésticas e internacionais para a atratividade do emprego da força, notadamente o crescimento econômico, inflação, desemprego, confiança de investidores, popularidade presidencial, proximidade do período eleitoral, ameaças internacionais e guerras correntes.

[31] Interesses cuja definição, conforme Singer (1958), consiste na preservação do poder nacional, sendo o resultado de um consenso quanto à concepção das elites sobre a segurança nacional.

[32] Definida por Buzan, Wæver e Wilde (1998) como o estabelecimento intersubjetivo de uma ameaça existencial, saliente o suficiente para exercer efeitos políticos substanciais.

nizado. A análise de Buzan, Wæver e de Wilde (1998) atribui ao estudo das regiões características e intensidades de interação distintas daquelas da competição hegemônica: apesar da rede de interdependência securitária entre Estados, projetar poder em territórios próximos é muito menos custoso — e, em muitos casos, a única opção viável — para esses. A noção de insegurança é indissociável da proximidade geográfica[33]. As regiões são sensíveis à intervenção de atores externos, com balanças de poder construídas sobretudo mediante dilemas de segurança entre vizinhos imediatos. Por fim, dinâmicas regionais devem considerar Estados com baixa capacidade, que tanto contribuam para o incremento da insegurança regional pelo transbordamento de ameaças quanto ofereçam riscos de penetração extrarregional mediante guerras *proxy* (KELLY, 2007).

Adota-se aqui uma tipologia de três tipos possíveis de ameaça securitária internacional a Estados com poder intermediário (potências regionais). O mais baixo é a ameaça nula, na qual estão inclusos Estados que não participam de dinâmicas de balanceamento regional ou global, nem possuem condições de alterar a correlação de forças com seu comportamento. O grau intermediário é o de ameaça média[34], compreendendo Estados que utilizam o balanceamento interno na busca de capacidades que o garantam mais liberdade de ação dentro de sua região e um maior poder de barganha a nível internacional. Por fim, o nível de ameaça global é atribuído a Estados percebidos com alta capacidade de mobilização, coerência doméstica e penetração extrarregional, que podem almejar o grau de balanceador global e constituir uma ameaça à ordem internacional vigente. Em um momento unipolar, a potência hegemônica pode ser vista como uma ameaça global (LAYNE, 1993).

---

[33] Mesmo que, segundo Robert Kelly (2007), diferentes autores operacionalizem a continuidade geográfica e as dinâmicas regionais de formas distintas.

[34] Tal distinção é feita em concordância com a abordagem de Buzan e Wæver (2003), que afirmam que as dinâmicas securitárias apresentam um forte componente territorial. Essa abordagem concorda com a noção de Stephen Walt (1985) de que a proximidade é um dos componentes centrais na percepção de ameaças. Potências regionais apresentam grande capacidade de ação em suas respectivas regiões, mas não possuem capacidade de projetar força e estabelecer uma aliança a nível global.

Nesse contexto, as políticas internacional e doméstica são interativas. Fatores como tamanho das economias, dependência comercial e a guerra relacionam-se diretamente com o papel esperado dos Estados. Partindo da premissa de que o objetivo último do Estado é a sobrevivência, esse pode empreender estratégias domésticas de mobilização ou extração de acordo com suas necessidades presentes para o exercício de poder em âmbito internacional e tendo em vista o aprimoramento das capacidades futuras. Da mesma forma, as estratégias internacionais utilizadas para obtenção de objetivos domésticos correspondem à validação e à extração externas: ao passo que a primeira diz respeito à soberania e ao reconhecimento, a segunda vincula-se à obtenção de recursos externos em prol da consecução de objetivos nacionais sem a exaustão dos recursos internos (MASTANDUNO; LAKE; IKENBERRY, 1989).

A extração internacional está, portanto, fortemente vinculada ao caráter dessa obra. A extração doméstica implica um custo de oportunidade quanto à alocação de recursos, visto que afeta determinados grupos sociais e requer esforços posteriores de redistribuição dos recursos extraídos, crescendo juntamente à competição internacional. A extração internacional, por sua vez, envolve a transferência de recursos ao Estado ou à sociedade, os quais posteriormente poderão ser extraídos pelo Estado. Os casos mais comuns de uso da extração internacional estão relacionados aos fluxos de fatores em direção ao centro do sistema internacional, mas, em determinados setores, os Estados emergentes podem utilizar-se de uma posição relativa favorável como instrumento de barganha, de forma a utilizar recursos internacionais na promoção de seu próprio desenvolvimento (MASTANDUNO; LAKE; IKENBERRY, 1989).

Tal fenômeno se verifica no processo de globalização da indústria de defesa, no qual os países alinhados são capazes de extrair recursos internacionais mediante participação e transferência de tecnologia para o incremento de sua segurança e de sua capacidade produtiva doméstica. É necessário avaliar, portanto, as possibilidades de vinculação à ordem securitária existente, os custos e benefícios do alinhamento, de forma a compreender e observar as trajetórias dos países que obtiveram sucesso na extração de recursos a nível internacional.

2.2.2 Hegemonias, aliados e desafiantes

A balança de poder, entretanto, não é o único mecanismo pelo qual se explica a competição interestatal e o declínio de grandes potências: barreiras naturais, o gradiente da perda de força e as limitações econômicas, tecnológicas e institucionais também são partes desse processo. Ademais, o Realismo Estrutural não dá a devida ênfase ao papel de regras e instituições legítimas a nível internacional, apresentando-as como mero reflexo das capacidades materiais (WOHLFORTH, 2011). Tratar de balanças de poder regionais implica tratar de relações de alinhamento que observem tanto as dinâmicas geopolíticas internas à região quanto os interesses das grandes potências no acesso aos recursos disponíveis nessa. A percepção doméstica quanto à possibilidade de conflito, constrangida pela análise securitária de ameaças e pelas expectativas sobre as alianças estabelecidas, influencia diretamente as estratégias adotadas pelos Estados que não estão no centro da competição sistêmica, podendo originar diferentes combinações de objetivos políticos e econômicos.

A teoria da Relações Internacionais oferece outra perspectiva estrutural que pode auxiliar a compreensão de esforços estatais para a ampliação (ou não) de capacidades materiais, inclusive a modernização militar e o desenvolvimento da indústria de defesa. Tratam-se das teorias da hegemonia, que bebem dos pressupostos teóricos do Realismo, mas se vinculam à ideia de que existe uma ordem sistêmica que influencia custos e benefícios dos comportamentos de alinhamento ou contestação a um hegêmona — que exerce tal posição mediante instrumentos formais e informais.

A hegemonia, entretanto, não é antônima de anarquia. Hegêmonas organizam um conjunto de instituições — definidas como regras, normas e padrões de comportamento (SCOTT, 2001) — de forma a aumentar a estabilidade do sistema e promover a maximização de sua própria segurança. Por outro lado, embora hegêmonas surjam como produtos de taxas diferenciais de crescimento, que representam assimetrias de poder significativas entre Estados

(GILPIN, 1983; KUGLER; ORGANSKI, 2000), o estabelecimento de uma ordem hegemônica não rompe completamente com a premissa da ausência de uma autoridade supranacional capaz de impor suas decisões em todo o sistema.

Se os interesses e a distribuição de capacidade entre os Estados permanecessem constantes, o sistema internacional estaria fadado ao equilíbrio. Entretanto, processos diversos mitigam a estabilidade de ordens hegemônicas. Tais processos não são somente alterações de interesses nacionais, mas também funções de diferentes taxas de desenvolvimento político, econômico e tecnológico. É a insatisfação com a ordem internacional existente que, mediante um cálculo de custos e benefícios acerca do emprego da violência, gera uma disputa hegemônica, capaz de reordenar a institucionalidade do Sistema Internacional (GILPIN, 1983).

Para os realistas da balança de poder, a concentração de capacidades em um único polo é um contexto temporário, que no longo prazo será balanceado por um desafiante ou coalizão, seja com intenções de maximização de poder ou de segurança, o que trará estabilidade ao sistema internacional. Para os teóricos da transição hegemônica, a concentração de poder nas mãos de um hegêmona é a fonte de estabilidade no sistema internacional ao prover bens públicos que incentivem os demais Estados a aceitarem a hegemonia. Ao passo que a balança de poder enfatiza assuntos políticos e militares, os nexos causais entre política e economia são mais caros à transição hegemônica (FENG; RUIZHUANG, 2006).

Segundo Norrlof e Wohlforth (2019), a hegemonia implica um *trade-off* entre proteção das rotas comerciais e capacidade produtiva. Conforme os autores, ao fim da Guerra Fria, existiu uma paz capitalista, fundada na interdependência econômica e integração de mercados financeiros. Destarte, os Estados Unidos construíram uma alternativa à dissuasão, facilitaram a solução de dilemas de ação coletivas na contenção à URSS (e construíram barreiras à transferência de tecnologia para essa) e, por fim, construíram uma hierarquia securitária na qual seus aliados especializaram-se em componentes específicos do poderio militar. O argumento dos autores (NORR-

LOF; WOHLFORTH, 2019) é que nem todas as redes na política internacional são criadas da mesma forma: na ausência de questões securitárias, a viabilidade da interdependência é questionada. Redes securitárias são anteriores às redes econômicas, e a manutenção de uma posição hegemônica justifica-se pelas recompensas advindas da provisão de segurança.

Os autores sugerem que as redes de segurança são compatíveis com diferentes ordens políticas, com diferentes possibilidades para sinergia. Se em uma distribuição de poder unipolar, o hegêmona é interpretado como uma ameaça inerente pela sua capacidade de extrair recursos internacionalmente, o estabelecimento de redes hegemônicas permite que os demais Estados se beneficiem de determinados elementos da ordem internacional. A resistência dificulta a extração econômica, esse é o motivo pelo qual os impérios do passado necessitavam empregar a força para manter relações econômicas (NORRLOF; WOHLFORTH, 2019). Os Estados tendem a aceitar a ordem dominante se forem socializados no compartilhamento de objetivos e aspirações do ator dominante. No caso estadunidense, as firmas utilizam os mercados globais via comércio — também no comércio de armamentos — e as multinacionais se engajam na atividade produtiva internacional via investimento direto. Os EUA construíram uma alternativa à dissuasão e uma hierarquia securitária na qual seus aliados, membros da ordem, especializaram-se em componentes específicos do poderio militar.

A ordem internacional liberal é definida pelos princípios, regras e instituições que definem o relacionamento entre os Estados-membros e entre aqueles fora da ordem (IKENBERRY, 2001). Esse conceito está intrinsecamente relacionado com os componentes que permeiam a manutenção da posição hegemônica estadunidense no ocidente, assumida após o final da Segunda Guerra Mundial e marcada pelo estabelecimento da Otan e da parceria EUA-Japão. Após a dissolução da União Soviética, o valor analítico da ordem internacional liberal como lente teórica e meio para obtenção de objetivos políticos é amplamente criticado, sobretudo em função da sua vinculação aos objetivos estratégicos estadunidenses e à incapacidade de incorporar os papéis de Rússia e China a nível teórico e político (GLASER, 2019; SCHWELLER; PU, 2011).

Da mesma forma, autores críticos ao conceito observam as ordens como instrumentos para direcionar o comportamento de Estados com menos capacidades em prol dos interesses hegemônicos, a exemplo do Tratado de Não Proliferação Nuclear (TNP) (MEARSHEIMER, 2019). Para autores de pensamento funcionalista, a existência de uma interdependência assimétrica permeando a indústria de defesa global é uma garantia diante das tentativas unilaterais de conquista, que ameniza elementos profundos da competição no sistema internacional e diminui as demandas internacionais por segurança (BROOKS, 2005). Entretanto, tal lógica de organização faz necessário considerar as alternativas oferecidas aos Estados insatisfeitos ou não pertencentes, observando os mecanismos pelos quais esses podem desenvolver suas próprias indústrias de defesa. Como exposto por outro autor, a interdependência assimétrica é na verdade uma estratégia hegemônica, na qual o líder se aproveita de sua capacidade industrial para promover a integração de sistemas (CAVERLEY, 2007).

O estabelecimento de alianças é uma forma de garantir a oferta e a atualização de produtos de defesa à medida que se tornam obsoletos. A segurança dos Estados depende do fornecimento confiável de tais bens. Estados localizados em regiões menos relevantes ao hegêmona ou insatisfeitos com sua posição na estratificação podem encontrar formas de contestá-la ao desafiar a ordem existente. Entretanto, a menos que optem por um caminho autóctone — algo de difícil realização dada a escala industrial da produção de armamentos — os Estados estarão envolvidos em algum grau de interdependência. A interdependência entre importadores e exportadores se manifesta de diversas maneiras: exportadores podem suspender ou restringir entregas de determinados produtos. Entretanto, dado o grau de tecnologia incorporado, que aumenta substancialmente os preços dos produtos de defesa, países exportadores dependem de vendas internacionais como forma de garantir a sobrevivência dos produtores locais (DEVORE, 2021).

Para os países secundários, notadamente em estágios anteriores do processo de industrialização, a colaboração internacional em defesa, tanto com o hegêmona estabelecido quanto com potências desafiantes, pode ser um meio de obter transferência de tecnologias e enfatizar suas vantagens comparativas em áreas de expertise, mão de obra e mercados específicos, aproveitando-se de algum grau de indústria de defesa para aprimorar a sinergia entre sua doutrina e os equipamentos disponíveis (DEVORE, 2021). A autossuficiência implica dispêndios econômicos e políticos, devendo lidar com os custos inerentes ao desenvolvimento tecnológico e às consequências políticas do não alinhamento à ordem internacional liberal (BITZINGER, 2003).

As estratégias de acomodação dos concorrentes são processos internos à ordem. Nesse sentido, a inclusão de rivais securitários como Rússia e China nas redes econômicas estadunidenses vão ao encontro dos teóricos da transição hegemônica, que argumentam que o líder do sistema cria as condições para sua própria derrocada (ARRIGHI, 1996; KUGLER; ORGANSKI, 2000; NORRLOF; WOHLFORTH, 2019). Para Norrlof e Wohlforth (2019), as teorias da transição hegemônica exageraram a escala, trajetória e significância dos custos de proteção aos aliados, pois falharam em analisar as mudanças no contexto estrutural e estratégico, bem como os efeitos das relações securitárias em processos econômicos. Entretanto, Norrlof e Wohlforth (2019) têm como dada a manutenção da hierarquia na estrutura produtiva. Apesar de apontar corretamente que as redes securitárias precedem as redes econômicas, a perda de plantas de manufatura avançada[35] impõe desafios à manutenção de uma posição de vanguarda tecnológica, cujos benefícios devem transbordar para os Estados aliados a fim de legitimar a hegemonia vigente.

Finalmente, a perspectiva de Walt (1985) dá indícios de como as teorias estruturais da balança de ameaças e da transição hegemônica podem ser conciliadas: fatores como ideologia, incentivos financeiros

---

[35] Para uma discussão mais aprofundada sobre as transformações na manufatura, a prevalência do capital intelectual e as implicações desses processos para a capacidade extrativa do Estado, recomenda-se a leitura de Weiss e Thurbon (2018).

e penetração internacional desempenham algum papel na decisão sobre balancear ou aliar-se à potência externa. Para o autor, as predileções ideológicas estão submissas às demandas securitárias; os incentivos financeiros são resultados do alinhamento — não causas desse; e a penetração internacional é mais suscetível a acontecer em sistemas políticos abertos com a participação de elites simpatizantes de ideias estrangeiras, operando com objetivos limitados e seguindo a lógica de grupos de interesse tradicionais.

Não obstante, esses são fatores relevantes, relacionados à estrutura da ordem hegemônica, que influenciam nas escolhas e nos resultados da configuração de alianças. Ainda, essa visão abre espaço para considerar que a decisão de estabelecer alianças com o hegêmona, com o desafiante ou estabelecer uma posição autônoma depende de uma receptividade doméstica quanto à possibilidade de mudança nos padrões de socialização internacional ou atuação estatal. A importância desses aspectos pode ser mais claramente observável em períodos de decadência dos recursos materiais do líder da ordem internacional (IKENBERRY; KUPCHAN, 1990).

Tal discussão se faz necessária, pois a temática central vincula os três componentes mencionados: a nível individual, o investimento (seja ele doméstico ou proveniente de alianças) em defesa pode desencadear (i) um dilema de segurança ao comprometer as percepções de países imediatamente vizinhos ou de parceiros comerciais geograficamente descontínuos; (ii) manifestar inclinações de tomadores de decisão quanto aos meios escolhidos para viabilizar estratégias de desenvolvimento econômico, o que pode culminar no (iii) desafio ou na busca de alternativas à ordem internacional contemporânea, cuja institucionalidade comercial é restritiva a subsídios nacionais e estabelecimento de barreiras de importação. As dinâmicas de socialização e competição entre atores, inerentes ao sistema internacional anárquico, não fornecem um guia de "melhores práticas" para a organização do processo político doméstico e a maximização das possiblidades de sobrevivência dos Estados (TALIAFERRO, 2000).

2.2.3 Para além do debate estrutural: Realismo Neoclássico e a segunda imagem invertida

Tanto o neorrealismo quanto as teorias hegemônicas enfatizam fatores estruturais e resultados da interação entre Estados. Ao passo que no primeiro a possibilidade de conflito condiciona o comportamento estatal, no segundo existe uma hierarquia de utilidades que orienta as decisões com base na probabilidade de conflito (WOHLFORTH, 2011). É necessário, portanto, preencher a lacuna das particularidades estatais, a exemplo do que pretende o Realismo Neoclássico ao reconhecer o papel da distribuição de capacidades, mas aprofundando a análise da influência dessa no processo de tomada de decisão a nível doméstico. A presença de variáveis intervenientes nas unidades considera a necessidade de examinar estruturas e alocação de recursos, lidando com a barganha entre elites decisórias e a sociedade da qual se extraem os recursos (ROSE, 1998). É sensato que realistas neoclássicos especifiquem os mecanismos por meio dos quais as demandas políticas se transformam em resultados, notadamente as estratégias perseguidas em âmbito diplomático, militar, econômico, securitário e de política externa (TALIAFERRO, 2000).

O trabalho de Jeffrey Taliaferro (2009) argumenta que, apesar de a teoria do balanceamento de poder, de Kenneth Waltz, fornecer os incentivos para que Estados adotem estratégias similares de adaptação ou eliminação de risco — mediante alianças, corridas armamentistas e emulação militar, tecnológica e política —, a teoria é falha por não explicar como e por que os Estados escolhem entre diferentes estratégias de balanceamento. Para Taliaferro (2009), cujo modelo está apresentado na Figura 4, apesar de o sistema internacional fornecer incentivos à adoção de estratégias de sucesso comprovado, a variável doméstica limita a eficiência das respostas aos imperativos sistêmicos, que devem ser avaliados à luz da distribuição relativas de capacidade, do suporte doméstico, da variação nas capacidades estatais e da funcionalidade do alinhamento ou desafio às hegemonias estabelecidas.

Figura 4 - Modelo Realista Neoclássico de Estado extrativista

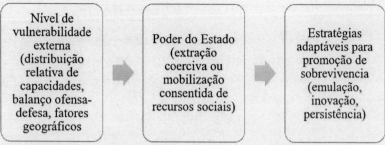

Fonte: adaptado pelo autor com base em Taliaferro (2009, p. 214).

Nesse contexto, variam as capacidades de extração e mobilização de recursos da sociedade e o grau de vulnerabilidade externa. Estados com altas capacidades e alta ameaça tendem a adotar estratégias de emulação[36], ao menos no curto prazo; Estados com baixas capacidades e alto grau de ameaça terão dificuldades em emular; Estados com altas capacidades e baixa vulnerabilidade podem se engajar em atividades de inovação. Por fim, Estados com baixas capacidades e ameaças tendem a não implementar estratégias de inovação ou balanceamento. A vulnerabilidade externa é, portanto, uma das variáveis que fornecem incentivos para o balanceamento, com a estratégia a ser adotada condicionada às condições e percepções domésticas (LOBELL; RIPSMAN; TALIAFERRO, 2009).

As condições de os Estados balancearem domesticamente são afetadas pela eficácia em responder a uma demanda securitária nacional. Como afirma Resende-Santos (2007), a incerteza estrutural corresponde à impossibilidade de diferenciar entre resultados provenientes de um processo de decisão doméstico aprimorado ou de uma mistura de cálculos imprecisos com sorte. A emulação é uma estratégia racional dentro de um contexto de incerteza. Analisar a efetividade de um Estado nesse processo diz respeito à observação da coerência

---

[36] Definida aqui como a "[...] imitação voluntária, proposital e sistemática das práticas de outros Estados [...]", podendo acontecer nas esferas militar, econômica, regulatória, administrativa e constitucional. A emulação empreendida por um Estado possui caráter coordenado e planejamento a nível nacional (RESENDE-SANTOS, 2007, p. 10).

entre meios e objetivos. Existe, portanto, um grau de racionalidade no processo de formulação de políticas por uma elite burocrática que busca responder a uma determinada leitura das condições estruturais e responder a essas da maneira mais pragmática possível.

Segundo Resende-Santos (2007), apesar de compreender as alianças externas disponíveis, o poder nacional é predominantemente um produto das capacidades materiais agregadas e da capacidade organizacional de um Estado. A eficiência competitiva diz respeito ao desempenho dos Estados nas dinâmicas de competição que permeiam o sistema internacional. Nesse contexto, a competição militar — que compreende armamentos, organizações e capital humano — é um dos aspectos mais tangíveis da competição internacional. A lógica neorrealista prevê que os Estados realizarão balanceamento: (i) no curto prazo — o balanceamento externo pode ser adequado em caso de aliados poderosos e contingencias favoráveis; no longo prazo — é a força da organização interna que promove a capacidade de garantir a própria sobrevivência.

A intersecção entre o ambiente internacional e doméstico é também objeto do escrutínio dos teóricos da segunda imagem invertida, denominação oriunda dos três níveis de análise delimitados por Waltz (1979): o homem, o Estado e a guerra. Falar em segunda imagem invertida implica falar do Estado como um ator, entre o âmbito doméstico e internacional, que precisa delimitar estratégias de forma a garantir sua capacidade de ação doméstica e sua sobre-vivência no Sistema Internacional (BARNETT, 1990). A literatura da segunda imagem invertida explicita que o contexto intraestatal também necessita de atenção, de forma a observar como determinadas decisões políticas foram formuladas: as regras do jogo, incentivos negativos e positivos, grupos e interesses envolvidos, partindo da premissa de que diferentes grupos domésticos barganham entre si e são afetados pela institucionalidade e pelos meios utilizados para direcionar a política (GOUREVITCH, 1978).

A atuação estatal em dois níveis é especialmente destacada na provisão de segurança, dado que tal função mobiliza tanto os recursos da sociedade quanto a atuação diante das ameaças externas.

Ao passo que a percepção de ameaças foi abordada previamente, é necessário aprofundar o estudo sobre o processo de formulação das estratégias domésticas. Para analisá-las há que se considerar: (i) as preferências do Estado, (ii) o contexto decisório e (iii) o tipo de mobilização. As preferências manifestam-se no *trade-off* existente na preparação para a guerra perante a estabilidade política. O contexto diz respeito à relação do Estado com a classe capitalista e a capacidade desse em penetrar na sociedade, a estrutura econômica e a legitimidade doméstica. O tipo de mobilização diante de uma ameaça externa vincula-se ao caráter das relações entre Estado e sociedade, podendo tomar forma de acomodação, reestruturação ou internacionalização: a acomodação aproveita-se dos instrumentos políticos existentes, a reestruturação é orientada ao incremento da participação da sociedade no esforço de guerra (BARNETT, 1990).

O tipo de mobilização é um produto dos dois componentes anteriores. Estratégias de reestruturação orientadas à centralização têm por meios o incremento da taxação e da conscrição bem como a nacionalização de setores econômicos relevantes. Estratégias de reestruturação vinculadas à liberalização objetivam, mediante confiança nas forças de mercado, expandir a atividade produtiva e a base material nacional. Estratégias de reestruturação dependem não só do tamanho e da sustentabilidade dos recursos potenciais, mas tornam-se mais viáveis quanto menores os constrangimentos domésticos do Estado, que primeiro compreendem as necessidades de subsistência da população para então resultar na renda excedente que virá a ser investida em capacidades tangíveis (ANDERS; FARISS; MARKOWITZ, 2020). Para Estados com maior constrangimento doméstico, estratégias de internacionalização devem ser mais efetivas, dados os custos crescentes da mobilização nacional. Entretanto, para estratégias de internacionalização, há de se considerar os arranjos internacionais disponíveis e a conformidade desses com as demandas securitárias nacionais, pois ao mesmo tempo que podem incrementar os recursos domésticos, também podem perpetuar cenários de dependência que mitigam a legitimidade interna e o poder de barganha internacional (BARNETT, 1990).

Relacionada a discussão da segunda imagem invertida às estratégias de balanceamento delimitadas pelo Realismo Neoclássico, observa-se que as estratégias de acomodação se assemelham àquelas de persistência, ao passo que estratégias de reestruturação podem lançar mão de emulação ou inovação. Estratégias de internacionalização correspondem a um meio de balanceamento externo. É importante destacar que somente o balanceamento interno tem condições de contribuir para a construção dos Estados, visto que envolve a adequação da estrutura organizacional doméstica. Esse argumento está em Resende-Santos (2007), que reconhece a ressonância dessa afirmação para com os autores da chamada tese belicista da Sociologia Histórica, como Tilly (1996) e Skocpol (1979). É mediante a leitura de autores que identificaram os efeitos de longos períodos de competição interestatal que se pode identificar componentes formadores, componentes desagregadores e as conjunturas críticas que permitem o teste da efetividade do aparato estatal. A próxima seção, portanto, debruça-se sobre a leitura de autores dessa corrente.

2.3 AMBIENTE DOMÉSTICO

Nesta seção, busca-se contextualizar e localizar o papel da agência doméstica, relacionando a discussão teórica das Relações Internacionais com o debate sobre capacidades estatais e procurando estabelecer mecanismos de análise para os processos que intervêm na incorporação de incentivos sistêmicos à política doméstica. Para tanto, o debate será ampliado para autores da Sociologia Histórica, que enfatizam os mecanismos pelos quais o Estado desenvolve capacidades de penetrar na sociedade e capitanear agendas políticas com algum grau de independência de setores particulares. Posteriormente, apresenta-se o conceito de autonomia inserida, identificando os mecanismos pelos quais o Estado incorpora-se ao processo de transformação econômica, de forma a estabelecer um modelo de análise que contemple as possibilidades de desenvolvimento da indústria de defesa vinculada a setores estratégicos da sociedade civil. Ao fim, apresenta-se o processo de triagem envolvido na seleção dos casos e delimita-se o escopo temporal a ser observado.

2.3.1 A Sociologia Histórica e a centralidade do Estado

Robert Cox (1981, p. 127) já identificava as dificuldades da teoria de Relações Internacionais em considerar a complexidade das relações entre Estado e sociedade, o que impossibilitava a apreciação de diferenças na organização social e nos reflexos dessas para a política internacional. A inclusão de fatores culturais e da superação do estudo do Estado somente a partir de capacidades materiais também está presente em Wendt (1992), que afirma que teorias estruturais devem ser capazes de explicar as características das unidades, de forma a compreender as motivações que causam as interações recorrentes e a posterior variação das estruturas internacionais. O estudo das Relações Internacionais de forma histórica, sistemática e interdisciplinar requer que se incluam elementos domésticos à análise internacional, de forma a localizar o conhecimento produzido e aprimorar o valor analítico desse (MEIBAUER, 2023).

A literatura do institucionalismo histórico e sociológico, influenciada pelo desenvolvimento da Sociologia Histórica, ampliou e adensou o estudo das instituições, reafirmando o interesse na observação das estruturas e dos comportamentos do Estado. Questionaram-se as teses de modernização e as "etapas" necessárias ao desenvolvimento dominantes na literatura (ALMOND; POWELL, 1972), conferindo-se ênfase crescente ao papel das contingências históricas e à agência social envolvida nos processos de transformação (EVANS; RUESCHEMEYER; SKOCPOL, 1985; HUNTINGTON, 1968). A evolução da Sociologia Histórica como disciplina, sobretudo a partir da tese belicista, apresenta um rol de estudos sobre o papel da guerra no desenvolvimento de capacidades estatais, notadamente as capacidades de extração de recursos da sociedade (MANN, 1988; PORTER, 1994; TILLY, 1975, 1996), mas não a vincula diretamente à área de defesa como interveniente no desenvolvimento nacional[37].

---

[37] À exceção de Anthony Giddens (2001), que no nono capítulo da obra *O Estado Nação e a Violência*, intitulado "Desenvolvimento capitalista e a industrialização da guerra", traça os paralelos entre a produção industrial, a conduta da guerra e o papel do comércio de armamentos e do estabelecimento de alianças para a consolidação de uma hegemonia internacional.

A complexificação das funções do Estado e o papel desempenhado por esse diante das esferas da sociedade e do mercado são temas centrais para o estudo das humanidades em sentido amplo. É papel da área de Relações Internacionais fornecer os instrumentos analíticos que permitam uma convergência conceitual entre as diversas áreas adjacentes (HALLIDAY, 1987). No estudo do Estado, isso significa construir mecanismos analíticos que envolvam tanto a noção de Estado como monopólio legítimo do uso da força quanto garantidor dos direitos de propriedade privada e do bem-estar social, articulando o debate teórico de forma a identificar caminhos para a complexificação da produção acadêmica. O Estado não é necessariamente uma instituição autônoma, mas necessita de um certo grau de autonomia, de forma a separar seus interesses de atores privados com agendas próprias (PRZEWORSKI, 1995).

Os autores da Sociologia Histórica, notadamente a corrente neoweberiana, preocupam-se em retomar o papel da agência interna no processo de formação e construção do Estado, compreendendo-o entre relações domésticas e internacionais. A corrente Realista Estrutural, por sua vez, apresenta uma causalidade unidirecional, com a estrutura anárquica do sistema influenciando o comportamento dos Estados — tratados de forma parcimoniosa como agentes racionais e autointeressados, que buscam a maximização de sua segurança. Existem, portanto, diferenças epistemológicas que tornam problemática tal combinação de elementos (HOBDEN, 1998).

Em sua obra *State and Society in IR: a second agenda*, Fred Halliday (1987) questiona a falta de debate quanto ao conceito de Estado dentro da teoria de RI. A definição clássica diz respeito a "[...] uma associação territorial de pessoas, reconhecida para os propósitos de legislação e diplomacia enquanto um membro legalmente igual no sistema interestatal"[38] (HALLIDAY, 1987, p. 217). Tal definição não é empiricamente verificável, mas sim uma abstração para legitimação entre pares. A questão não é se o conceito fornece uma base para explicação, mas sim quão adequada essa base é. O questionamento

---

[38] Tradução própria. No original: "[...] a territorial association of people recognized for purposes of law and diplomacy as a legally equal member of the system of states".

dos autores da Sociologia Histórica diz respeito ao conjunto de instituições coercitivas e administrativas, o que também abre um leque de questionamentos quanto às instituições formalmente independentes que são diretamente influenciadas pelo Estado, como escolas, igrejas e até a família. Outro desafio se verifica no estudo da autonomia estatal: em qual grau o Estado pode agir de forma autônoma com relação aos interesses da sociedade, visto que ambos são institucionalmente distintos.

Para Halliday (1987), o ganho da Sociologia Histórica está na possibilidade de observação de processos que aprofundam a compreensão sobre a sua participação no domínio internacional e como essa fortalece os Estados, de forma a possibilitar que esses tomem decisões mais independentes da sociedade em que estão inseridos. Halliday (1987) também apresenta o conceito de "capacidade estatal" como alternativa ao estudo da "soberania" como algo dado. Em vez de partir de uma premissa de que o Estado detém o monopólio legítimo do uso da força em determinado território, Halliday propõe o estudo de como, com que alcance e a partir de quais transformações o Estado assegurou o controle em seu território.

Retomando Krasner (2016), a distância entre o tipo ideal de Estado soberano e a não verificação empírica do conceito sugere um ponto de fricção no sistema internacional. Segundo o autor, uma análise com foco em grandes processos históricos demonstra que a existência de variações internas em um tipo de arranjo institucional comum não é uma aberração. É necessário, portanto, compreender como estão divididas e como interagem as instituições domésticas, observando estruturas de autoridade e como o Estado pode implantar uma agenda política de longo prazo, sem que essa reflita puramente os interesses econômicos e políticos das elites domésticas.

A Sociologia História pode fornecer grandes contribuições pela incorporação de um conceito histórico de Estado ao Realismo Neoclássico e ampliar a consistência e complexidade teóricas dessa corrente. Segundo Hobden (1988), é conveniente incorporar algumas das ambiguidades conceituais inerentes ao termo: a distinção entre "Estado" e "sociedade", que diz respeito ao alcance das instituições, indivíduos e práticas que determinam o controle e financiamento da entidade central; a distinção entre "Estado" e "governo", notadamente o "aparato" e o "pessoal"; e, por fim, a distinção entre "Estado" e "nação", com o primeiro correspondendo à representatividade política e o segundo à homogeneidade étnico-linguística.

Apesar de não ser um autor vinculado à discussão da Sociologia Histórica, Peter Gourevitch também trabalhou a necessidade de evitar reducionismos como forma de classificar os Estados no Sistema Internacional. Preocupado com a discussão sobre Estados "fortes ou fracos" — que obscurece a política doméstica e a barganha envolvida no processo — Gourevitch advoga pela necessidade de observar as instituições que traduzem determinados instrumentos de negociação em um resultado a ser observado. O autor levanta quatro questões que dialogam diretamente com os mecanismos observados nesta obra: (i) qual a posição do país observado em relação à economia-mundo? (ii) Internamente ao país, quem se beneficia e quem é prejudicado pela adoção de determinadas políticas? (iii) Quais grupos definem as alternativas possíveis, sobretudo a política que é formulada dentro do aparato estatal? (iv) Como se legitima a adoção de políticas? (GOUREVITCH, 1978).

2.3.2 Capacidade estatal e autonomia: a evolução do debate

Tratar de capacidade estatal implica a seguinte questão: capacidade para quê? (HANSON; SIGMAN, 2013). A transversalidade das relações internacionais diante das especificidades da política doméstica denota a relevância do campo para a consolidação do Estado e para a definição de estratégias de desenvolvimento e inserção internacional. As questões de defesa transbordam o simples papel da projeção de força e garantia das fronteiras, fazendo-se presentes na construção de legitimidade e consenso social (GIDDENS, 2001), no desenvolvimento de políticas industriais mediante emprego de tecnologias com finalidade tanto civil quanto militar (RUTTAN, 2006), na possibilidade de incentivos diretos ao desenvolvimento de inovações tecnológicas e no estabelecimento de alianças e parcerias estratégicas de âmbito internacional (BRAUER; DUNNE, 2011; CAVERLEY, 2007; GOLDE; TISHLER, 2004; NEUMAN, 2010; TAYLOR, 1990).

Conforme Azar a Moon (1988), a legitimidade é a base sobre a qual se constroem imperativos nacionais: descrições sobre o cará-ter moral ou sobre a propensão de um líder ao conflito não expli-cam a totalidade do processo de mobilização de recursos. Para os autores, no terceiro mundo, as crises de legitimidade dificultam a abordagem de questões securitárias, em um contexto que prioriza a segurança do regime diante da segurança nacional como um todo. Essa relação também é explorada por Ayoob (1991), argumentando que as elites domésticas no terceiro mundo adotam o discurso do desenvolvimento como uma maneira de garantir o regime e a legitimidade. Entretanto, o desenvolvimento não é uma esfera separada das questões securitárias e, segundo o autor, existe uma interdependência entre elites político-econômicas e forças armadas, dificultando o estabelecimento de mecanismos de controle civil no aparato coercivo nacional.

O controle civil e a legitimidade dos gastos em defesa são, portanto, fundamentais para entender o processo de formação de políticas industriais de defesa a nível doméstico, o que requer uma compreensão da natureza do poder dos Estados e de suas elites, da trajetória temporal dos processos e dos interesses de coalizões políticas que determinam o avanço dos arranjos institucionais (PIER-SON, 2016). Esse é o objetivo da obra *States, War and Capitalism*, de Michael Mann (1988). Segundo o autor, o poder estatal tem dois significados: o poder despótico, marcado pelo empoderamento de elites governantes diante dos demais grupos da sociedade civil, e o poder infraestrutural, definido pela capacidade do Estado em penetrar na sociedade, prover bens públicos e implementar uma agenda política. O papel das aquisições em defesa está relacionado à Economia Política, refletindo uma forma contemporânea da Lei de Say, na qual a oferta cria sua própria demanda. Nesse contexto, o cenário doméstico, marcado por grupos de interesse — notadamente o congresso, as forças armadas e as empresas —, busca aumentar sua influência e se utiliza de objetivos securitários para atingir seus objetivos (GHOLZ; SAPOLSKY, 2021).

Mann (1988) observa três mecanismos para assegurar a autonomia do poder estatal: (i) a economia redistributiva, (ii) a coordenação militar e (iii) o desenvolvimento industrial tardio. A primeira predominou em sociedades que não possuíam a capacidade de comercializar *commodities*. A segunda, de maior importância para essa discussão, enfatiza a capacidade de um aparato militar capacitado e burocratizado em aperfeiçoar o poderio estatal, verificada sobretudo ao final do século XIX e início do século XX. A terceira relaciona-se com a observação de estratégias de eficácia comprovada, que diminuem os custos e riscos para a transformação industrial nos Estados em estágios anteriores de desenvolvimento (EVANS, 1995; GERSCHENKRON, 1962). Em cada um desses fatores, a sociedade civil cedeu recursos ao Estado em troca da manutenção da ordem interna, provisão de infraestrutura e defesa contra agressores externos, tanto em âmbito político quanto econômico.

O ponto central, segundo Mann (1988), é a utilidade de cada fator e a disputa existente entre a elite governante e sociedade civil pelo controle desses recursos: se a primeira prevalecer, o poder estatal assume formas orientadas ao despotismo. Apesar de a centralização de recursos favorecer a formação de um poder despótico, esse poder não se perpetua, pois lhe faltam características infraestruturais e logísticas que o permitam penetrar na sociedade. Da mesma forma, estratégias agressivas de extração diminuem, no longo prazo, os recursos passíveis de extração, visto que precarizam a qualidade de vida e, consequentemente, a capacidade do Estado em exercer suas funções como um todo (ANDERS; FARISS; MARKOWITZ, 2020).

Mann (1988) afirma que o militarismo[39] continua sendo uma parte central da sociedade moderna, mas que esse não deriva do capitalismo ou industrialismo, e sim de imperativos geopolíticos

---

[39] Descrito como uma inclinação e um conjunto de instituições que tratam a guerra e a preparação para essa como um aspecto normal — e até desejável — da atividade social (MANN, 1988).

prévios ao modo de produção e acumulação capitalista. A lógica da segurança nacional foi fundamental para as capacidades transformadoras do Estado desenvolvimentista, contexto que fez com que esse apresentasse formas "excepcionais" (*sic*) de governo. Entretanto, à medida que diminuem as tensões militares e ameaças, a demanda pelo controle civil tende a aumentar juntamente à demanda pela participação democrática e pela continuidade do processo de transformação industrial (JESSOP, 2016).

A capacidade do Estado em penetrar na sociedade é analisada também por Peter Evans (1995). Segundo esse, a posse de poder infraestrutural não integra automaticamente o Estado ao processo de transformação econômica. Para Evans, a transformação ocorre quando há autonomia inserida, definida pela soma do insulamento burocrático weberiano[40] com a estrutura social existente. A autonomia inserida é dependente das características historicamente determinadas do aparato estatal e da natureza da estrutura social e relaciona o Estado a grupos específicos, fornecendo canais institucionalizados para negociação contínua de objetivos e políticas, em prol de um projeto de transformação econômica. Sem incorporação, a autonomia do Estado torna-se captura, pois sua existência não implica um interesse pelo desenvolvimento. Para Evans (1995), o caráter desenvolvimentista do Estado decorre das características da burocracia e dos papéis que esse assume no processo de transformação industrial.

No quarto capítulo da obra *Embedded autonomy*, Peter Evans (1995) aponta quatro papéis do Estado no processo de transformação industrial: (i) regulador (*custodian*), com baixa capacidade transformacional, marcado pelo efeito regulatório e pela definição de comportamentos que devem ser evitados; (ii) demiurgo (*demiurge*),

---

[40] Para Weber, a burocracia surge a partir de um sistema de racionalidade legal, de uma economia monetária e do crescimento das funções administrativas. A burocracia concentra os meios de administração e nivela as diferenças sociais mediante certificação das competências. Os conflitos entre burocracia e liderança política se dão pelas diferenças entre os dois tipos: o primeiro é responsável por executar ordens de forma eficaz, de opiniões políticas subordinadas; o segundo busca sobreviver politicamente mediante demonstrações de sucesso em suas iniciativas e cumprimento de suas responsabilidades (GIRGLIOLI, 1998).

ESTADO E INDÚSTRIA DE DEFESA EM PAÍSES EMERGENTES:
BRASIL, ÍNDIA, TURQUIA E ÁFRICA DO SUL

relacionado à ideia de um atribuidor de funções, com papel expansionista e que substitui o capital privado, observado pelo autor na extração mineral e produção de aço, bens de infraestrutura que assumem um caráter coletivo ou público; (iii) parteiro (*midwifery*), que auxilia a formação de novos grupos empreendedores ou fomenta grupos existentes a adentrar setores com maior valor agregado, sem que se criem estatais e enfatizando a barganha com o capital transnacional — esse papel é observado pelo autor nos setores têxtil e automobilístico; e (iv) cultivador (*husbandry*), sinalizando que o Estado apoia empreendimentos em setores de maior intensidade tecnológica, com uma contraparte privada mais presente.

O argumento de Evans é ratificado pelo economista Dani Rodrik (2004): sociedades em desenvolvimento precisam inserir o ímpeto do setor privado em um esforço comum junto ao setor público, de forma a promover a reestruturação, a diversificação e o dinamismo tecnológico. Nesse contexto, o governo é responsável por prover direitos de propriedade, segurança jurídica e estabilidade econômica, mas também deve complementar as forças de mercado mediante identificação conjunta de obstáculos à transformação industrial, de forma a otimizar o processo político e promover o aprendizado conjunto na solução de problemas e empecilhos na inovação tecnológica. Ademais, a política industrial deve ser vista como um esforço coordenado, transparente e responsável.

2.3.3 Capacidade estatal e indústria de defesa em países em desenvolvimento: seleção de casos

Os papéis do Estado apresentados por Peter Evans interagem em diferentes graus com o capital internacional. A observação da atuação estatal mediante a tipologia proposta por Evans (1995) será feita predominantemente de forma qualitativa, relacionando-os aos setores e às medidas adotados pelos Estados, que serão posteriormente abordados. O autor, porém, não identifica os mecanismos pelos quais os objetivos estratégicos nacionais — marcados pela atuação estatal no desenvolvimento de setores de vanguarda — se desenvolvem. O contexto de globalização da indústria de defesa, previamente apresentado e capitaneado por empresas privadas, parece relacionar-se diretamente com a possibilidade de tipificar os padrões de atuação estatal, a exemplo dos papéis propostos por Evans. Resta, portanto, analisar as formas organizacionais pelas quais o Estado negocia com o capital internacional e os resultados dessa interação para a consecução de objetivos securitários e econômicos.

Para Evans (1995), os papéis com menor envolvimento privado — regulador e demiurgo — são preponderantes em países que veem a classe empreendedora com maus olhos, respectivamente pela necessidade de restringi-la ou pela incapacidade percebida. Ambos, entretanto, possuem diferentes vieses: ao passo que o regulador enfatiza a restrição das atividades, o demiurgo se materializa na criação de empreendimentos estatais que podem crescer e diversificar-se. Os papéis com maior envolvimento privado — parteiro e cultivador — podem se sobrepor, dadas as políticas adotadas. O primeiro enfatiza a redução de riscos e de incerteza, mas relaciona-se diretamente com a produção contemporânea em defesa, pois barganha com o capital internacional as condições de alinhamento, resultando em acordos de transferência de tecnologia ou na inclusão em novos projetos. O segundo, por lidar com um setor privado já consolidado, enfatiza o incentivo e o apoio à entrada desse em setores mais desafiantes tecnologicamente (EVANS, 1995).

Uma vez relacionados os componentes teóricos, restou a necessidade de encontrar casos apropriados para o teste do modelo causal proposto. Apesar de identificar o viés da literatura em analisar a globalização da indústria de defesa mediante seus valores de exportação, optou-se por selecionar os casos a partir da lista das 100 maiores empresas produtoras e prestadoras de serviços em defesa no mundo. Tal lista é produzida anualmente pelo *Stockholm International Peace Research Institute* (SIPRI) e conta com registros de 2002 a 2018. Apesar de o instituto produzir também indicadores de tendência sobre os valores de importação de armamentos entre países e grupos armados, esses podem induzir a redundâncias, visto que compreendem a venda de materiais de segunda mão.

Como esperado, dada a revisão bibliográfica empreendida e a literatura sobre indústria de defesa, grande parte das empresas presentes na listagem tem sua sede em países centrais. É necessário, portanto, encontrar um critério de triagem para selecionar aqueles que se encaixem no escopo aqui proposto. A mensuração do desenvolvimento não é unanimidade entre a literatura e os organismos internacionais. O Fundo Monetário Internacional (FMI), por exemplo, utiliza-se do Produto Interno Bruto (PIB) *per capita*[41], disponível a partir de 1980 nos documentos *World Economic Outlook* (INTERNATIONAL MONETARY FUND, 2020). A classificação adequada seria a de "Mercados Emergentes e Economias em Desenvolvimento", formulada com base nos orçamentos nacionais anunciados e em indicadores como população, paridade de poder de compra e exportações totais de bens e serviços.

Apesar de ter abandonado o conceito de países em desenvolvimento, o Banco Mundial também fornece indicadores de renda nacional, mensurados pela renda bruta nacional e calculados com um método próprio que considera a inflação. A classificação do órgão agrupa os países em baixa renda, média-baixa renda, média alta-renda e alta renda. Os grupos são atualizados anualmente a cada dia 1º de julho[42].

Para os propósitos de triagem desta obra, optou-se pelo indicador do Banco Mundial. Essa escolha se dá pelo emprego dos indicadores do Banco Mundial pelas Nações Unidas para a classificação dos *least developed countries* (LDCs) e para evitar distorções provenientes de fatores qualitativos. Deve-se destacar também que os indicadores do FMI incorporam estimativas para os anos em que não existem dados oficiais. Feitas essas triagens, chega-se aos países e valores do Quadro 5.

---

[41] Entendem-se aqui as limitações analíticas existentes ao tratar o PIB *per capita* como indicador de desenvolvimento. Apesar de PIB *per capita* e bem-estar social possuírem alta correlação, as variações em componentes específicos do bem-estar social, como mortalidade e habitação, por exemplo, necessitam de indicadores mais elaborados (JONES; KLENOW, 2016).

[42] Disponível em: https://datahelpdesk.worldbank.org/knowledgebase. Acesso em: 22 out. 2020.

Quadro 5 - Maiores empresas fornecedoras de armamentos e serviços em defesa localizadas em países emergentes (em milhões de US$ – 2018)

Ano	Brasil	Índia	Índia	Índia	África do Sul	Turquia	Turquia	Ucrânia
	Embraer	Indian Ordnance Factories	Hindustan Aeronautics	Bharat Electronics	Denel	ASEL-SAN	Turkish Aerospace Industries	UkrO-boron Prom
2002		2.360	1.038	834	562			
2003		2.460	1.221	864	537			
2004		2.289	1.585	1.092	451			
2005		2.383	1.792	920				
2006		2.383	1.792	920				
2007		2.157	2.279	1.147				
2008		2.068	2.532	1.193				
2009		2.248	2.886	1.224				
2010		2.614	2.939	1.122		476		
2011	596	2.651	2.935	968		557		947
2012	814	2.347	2.677	1.069		555		1.072
2013	965	1.994	2.604	980		707		1.258
2014	1.196	1.915	2.479	989		760	572	788
2015	860	2.324	2.505	1.066		776	691	1.009
2016	952	2.425	2.617	1.223		960	896	1.263
2017	857	2.258	2.647	1.379		1.237	1.065	1.101
2018		1.682	2.883	1.725		1.866	1.248	1.378

Fonte: elaborado pelo autor com base em SIPRI (2019).

Utilizando indicadores referentes à capacidade fiscal e à remuneração burocrática do banco de dados *Varieties of Democracy* (V-DEM), tem-se que todos os casos analisados possuem capacidade de extrair receitas da sociedade e uma burocracia estatal consolidada.

Foi utilizado o indicador de capacidade fiscal, que mensura as fontes de renda pelas quais o governo central financia suas atividades, sendo medido de forma ordinal, na qual 0 significa que o Estado não possui capacidade fiscal, 1 significa que o Estado depende de empréstimos e ajuda internacional, 2 significa que o Estado controla ativos financeiros, 3 significa que o Estado se financia mediante taxação de propriedades e comércio, e 4 significa que o Estado é capaz de taxar transações de capital. Dentre os casos avaliados, todos possuem plena capacidade de taxação. O segundo indicador, remuneração burocrática, também possui uma escala ordinal de 0 a 4, na qual o 0 corresponde a nenhum empregado do Estado assalariado e 4 a todos — ou quase — empregados do Estado assalariados. Dos casos avaliados, todos possuem indicador 4 e, portanto, possuem plena remuneração da burocracia estatal (COPPEDGE *et al.*, 2020).

Os capítulos a seguir buscarão avaliar, portanto, as experiências indiana, turca, brasileira e sul-africana com relação à indústria de defesa. O caso ucraniano foi preterido em razão de eventuais dependências da trajetória institucional pós-dissolução da União Soviética. A análise será conduzida mediante os pressupostos teóricos abordados no presente capítulo. Para o caso indiano, a manutenção de três firmas na lista do SIPRI, o alto gasto em defesa relativo ao PIB e a presença concreta de ameaças regionais sugerem uma atuação mais intensa do Estado na promoção da indústria de defesa. Na Turquia, a inserção em alianças securitárias consolidadas contrasta a postura de autossuficiência buscada pelo país, que possui o maior gasto em defesa relativo ao PIB, utiliza-se da promoção industrial como estratégia de legitimação doméstica e teve um incremento do número de firmas entre as 100 maiores listadas pelo SIPRI. No caso brasileiro, o padrão regional tendente à cooperação altera os incentivos ao investimento doméstico, que, quando realizado, esteve vinculado a uma agenda ampla de desenvolvimento nacional. No caso sul-africano, a indústria de defesa é um produto do embargo imposto pelas Nações Unidas durante o Apartheid, que gerou uma trajetória capaz de manter o setor pujante, mesmo com o acentuado declínio da atuação estatal.

2.4 CONSIDERAÇÕES PARCIAIS

O presente capítulo realizou uma revisão teórica sobre o caráter econômico e securitário da indústria de defesa, alguns dos fatores internacionais que influenciam as características do setor na mobilização nacional e no acesso ao capital existente e, por fim, buscou apresentar condicionantes domésticos sobre o processo de transformação econômica, representado pela perspectiva da interdependência governada, que enfatiza a negociação contínua entre os setores civil e privado, de forma a aprimorar as respostas nacionais às mudanças na distribuição de capacidades observadas em âmbito estrutural.

Objetivou-se lançar as fundações teóricas para uma compreensão mais aprofundada sobre o papel dos incentivos estruturais na formação de políticas nacionais, vinculando componentes securitários nacionais a espaços de possibilidade em âmbito internacional. A literatura sugere que, a partir da construção de alianças e da incorporação a uma hierarquia securitária internacional, podem ser identificados caminhos para o desenvolvimento de uma indústria de defesa globalizada. Entretanto, o não alinhamento com a ordem existente e o interesse nacional em constituir uma alternativa à ordem internacional vigente também devem ser considerados, de forma que o Estado assuma os custos da posição não alinhada e adote um padrão de atuação orientado a desenvolver capacidades de forma endógena.

Ao passo que esse processo de não alinhamento pode ser parte fundamental de um novo ciclo de inovações na indústria de defesa e engendrar taxas de crescimento diferenciais, a adoção dessa postura requer uma ampla capacidade de mobilização de recursos da sociedade civil. Ademais, parece pouco crível que Estados sem capacidade industrial instalada consigam se utilizar estritamente do investimento em defesa como instrumento para o *catching-up* tecnológico. A indústria de defesa foi a pioneira em diversos ramos da tecnologia: metalurgia de aço, química industrial, maquinário elétrico, comunicações por rádio, turbinas, óleo diesel, equipamentos ópticos, calculadoras e maquinário hidráulico. Tal vinculação entre P&D militar e criação de vantagens para a produção civil conferiu à indústria de defesa o status de uma estrutura burocrática "quase pública".

A intersecção público-privada tem sido, desde então, questionada quanto aos imperativos do processo de tomada de decisão, manifestando-se em duas características do século XX que perduraram: a industrialização da guerra (GIDDENS, 2001; MCNEILL, 1982) e a politização da economia (ARRIGHI, 1996; SOLINGEN, 1999). Ao passo que a revisão bibliográfica demonstra que é impossível separar completamente a política doméstica dos incentivos e constrangimentos, deve-se reiterar a institucionalidade do sistema internacional, notadamente a ordem internacional liberal, que afeta a viabilidade de implementação de estratégias fundadas em imperativos de segurança nacional, dada a necessidade de *accountability* para as relações intergovernamentais (SOLINGEN, 1999).

O acirramento da competição internacional, marcado pela dissidência dos Estados Unidos aos componentes que consolidaram sua hegemonia e pelo balanceamento regional chinês no leste asiático (DORNELLES JR., 2014), demonstra, portanto, a necessidade de considerar os incentivos estruturais para que Estados em estágios anteriores de desenvolvimento assumam o papel de interventor estratégico. A indústria de defesa, ao vincular componentes econômicos e políticos, pode funcionar como um *proxy* para avaliação do balanceamento interno. Apesar de autores identificados com o Realismo Neoclássico incorporarem a agência doméstica na tomada de decisão, essa ainda é vista de forma homogênea, sem a especificação dos mecanismos que condicionam a formulação das políticas de defesa e do papel da indústria para elas. Nesse sentido, a literatura da Sociologia Histórica e da autonomia inserida permitem analisar com maior precisão os grupos de interesse e os padrões de cooperação--ameaça externa, tornando mais confiável a análise quanto aos reais objetivos, estratégias empregadas e resultados esperados por Estados que optam pelo fortalecimento de suas bases industriais de defesa.

Os próximos capítulos apresentarão, portanto, a aplicação dos componentes teóricos aqui relacionados, objetivando explicitar o papel das diferentes variáveis explicativas para os diferentes tipos de indústria de defesa observados. Ademais, a delimitação de um período amplo de análise, com duas mudanças de tipo de ordem internacional — da bipolaridade ao momento unipolar e desse à multipolaridade desequilibrada —, permite apreciar como as capacidades estatais se organizam para responder às pressões estruturais e quais os padrões de atuação estatal produziram efeitos duradouros para as indústrias de defesa de Índia, Turquia, Brasil e África do Sul.

3

ÍNDIA: O NÃO ALINHAMENTO E A FORTE ATUAÇÃO ESTATAL

A partir da seleção dos casos, a Índia aparece como um país emergente que conseguiu manter três firmas no ranking das maiores exportadoras de produtos e serviços de defesa desde o início da publicação desse, em 2002. Apesar dessa trajetória que inicialmente parece de sucesso, o caso indiano é marcado por uma política de restrição na estratégia militar. O pensamento militar indiano, a tomada de decisão e o emprego da força, bem como o processo de transformação militar, têm sido historicamente reativos ao ambiente securitário doméstico e internacional (COHEN; DASGUPTA, 2010). Mesmo dotada de vasto capital humano, uma larga demanda doméstica e uma economia industrializada, a literatura trata a experiência indiana na produção de armamentos de forma pessimista (KUNDU, 2019; ROSSITER; CANNON, 2019). A presente seção apresenta os aspectos estruturais — securitários e de alinhamento — que constrangem a atuação do país, o ambiente doméstico a partir da ingerência estatal e da institucionalidade indiana e, por fim, a evolução histórica da indústria de defesa, variável dependente observada.

3.1 ASPECTOS ESTRUTURAIS: AMEAÇAS E ALINHAMENTO

O entorno estratégico indiano é marcado por um histórico conflituoso, sem o qual é impossível explicar a busca do país pela autonomia e liberdade de ação internacional. O histórico de rivalidade com o Paquistão pela região da Caxemira, bem como as rivalidades com a China pela área do Himalaia são latentes no ímpeto indiano pela modernização das forças armadas. A presente seção objetiva apresentar tanto as dinâmicas de conflito quanto as dinâmicas de cooperação indianas, não somente pelo viés da diversificação de fornecedores apresentadas na seção prévia, mas também pelo tensionamento das alianças com Estados Unidos e Rússia para obtenção de tecnologia e produtos de defesa. A exploração sobre o contexto geopolítico é fundamental para explicar o tipo de indústria de defesa que existirá no caso indiano e a delimitação de seus objetivos de curto e longo prazo.

Quanto às alianças estabelecidas, é de certa maneira intuitivo inferir que existam esforços de aproximação entre Estados Unidos e Índia. O ímpeto indiano na contenção da expansão chinesa parece estar invariavelmente ligado ao estabelecimento de uma parceria indo-americana. Cohen e Dasgupta (2010), na obra *Arming without aiming: India's military modernization*, devotam o capítulo oito a realizar um compilado histórico quanto à percepção estadunidense sobre a Índia e os momentos de aproximação e distanciamento que permearam a relação desde antes da independência indiana. A administração Roosevelt ajudou a financiar infraestrutura na Índia, mas moderou a posição pela aliança com a Grã-Bretanha. Truman e Eisenhower viam com bons olhos a democracia indiana, mas a formalização de uma aliança com o Paquistão e os conflitos militares desse com a Índia mitigaram as possibilidades de cooperação. Se a administração Kennedy via a Índia com bons olhos, Johnson esbarraria em diferenças institucionais que o impediram de estabelecer parcerias entre Índia e EUA (SMITH; KARTHA, 2018). Na administração Nixon, a reaproximação com a China e a mitigação da ameaça contribuíram para a marginalização da posição estratégica indiana diante dos EUA (COHEN; DASGUPTA, 2010).

Apesar da manutenção da política de não alinhamento indiana, o acesso aos equipamentos e à infraestrutura industrial soviética possibilitaram que a Índia incrementasse sua capacidade de dissuasão perante a China (HOYT, 1996). O período pós-dissolução da União Soviética viu uma mudança incremental nas relações entre Estados Unidos e Índia. Consta que, até a década de 1990, os EUA eram vistos em um contexto de hostilidade estratégica e o desejo pelo incremento das capacidades indianas também esteve relacionado ao temor diante de um possível ataque estadunidense (COHEN; DASGUPTA, 2010). Durante a administração Clinton, especificamente em 1995, foi assinado o primeiro acordo de relações de defesa entre ambos os Estados. O acordo previa a realização de exercícios conjuntos, treinamento, pesquisa e produção de armamentos, mas esbarrou nas diferentes percepções sobre o programa nuclear indiano. Ao passo que os EUA buscavam o cumprimento do Tratado de Não Proliferação Nuclear e temiam uma escalada da corrida armamentista entre Paquistão e Índia, essa buscava a modernização militar e percebia a necessidade de incrementar sua capacidade material (SMITH; KARTHA, 2018).

A administração Bush foi fundamental para mudar a relação entre Estados Unidos e Índia. Bush não teve problemas em identificar a Índia como uma potência nuclear, observando uma eventual necessidade de conter a China, acenando ao setor de tecnologia da informação mediante *outsourcing*, facilitando o acesso de migrantes indianos aos EUA e intensificando a retórica de alinhamento como as duas maiores democracias do mundo. Ademais, o pós-11 de setembro viu uma convergência entre os dois Estados no combate ao terrorismo, no qual a Índia adotou uma postura bastante favorável às demandas estadunidenses, mesmo se recusando a participar da campanha no Iraque. Em 2005, foi assinado o acordo denominado "Próximos Passos na Parceria Estratégica" (NSSP – *Next Steps in Strategic Partnership*), pelo qual se formalizou a cooperação em atividades civis nucleares e espaciais, comércio de alta tecnologia e defesa missilística (COHEN; DASGUPTA, 2010; SMITH; KARTHA, 2018).

Apesar de algumas intempéries, como o fornecimento de materiais nucleares indianos para o Irã, a venda de caças F-16 americanos para o Paquistão, bem como os incidentes diplomáticos de 2013 quanto às fraudes nos vistos, o caráter positivo da relação continuou durante as administrações Obama e Trump. Se a relação converge no combate ao terrorismo e na preocupação com a presença chinesa no Oceano Índico e com a iniciativa *Belt and Road*, ela diverge em aspectos como a manutenção da aliança formal entre

EUA e Paquistão, as disputas fronteiriças indianas com a China na região do Tibet, políticas econômicas protecionistas e a restrição estratégica indiana, que em nenhum momento designa a China como uma ameaça estratégica (SMITH; KARTHA, 2018).

Referindo-se especificamente à China, há de se dizer que, imediatamente após a dissolução da União Soviética, houve espaço suficiente para que China e Índia cultivassem relações normais, apesar de suas percepções quanto ao interesse nacional e a relação desse para com o ambiente internacional. Entre China e Índia, pode-se dizer que a normalização das relações se manifesta na existência de visitas de alto nível político, intercâmbios entre oficialato, oportunidades para comércio e cooperação, diálogo não conflitivo em foros acadêmicos e, por fim, a criação de mecanismos para demarcação e cumprimento das fronteiras na região do Himalaia. A dita normalização, apesar de coincidir com o fim da Guerra Fria, não pode ser tratada de maneira consequencial. Ademais, a normalização das relações não garante um ambiente cooperativo entre ambos os países (MANSINGH, 1994). Entretanto, desde 1979, com a visita do ministro Vajpayee à China e sua reunião com Deng Xiaoping, existe a ideia de que Índia e China devem construir um ambiente político propício antes de resolver o contencioso da fronteira (JAIN, 2004).

Em uma análise sobre a dissuasão no sul da Ásia e o balanço militar entre Índia e Paquistão, Ladwig (2015) conclui que, mesmo com os incrementos no orçamento de defesa indiano, esse não se traduz em um projeto de modernização militar efetivo. Para o autor, além do desempenho abaixo do esperado na modernização militar indiana, as alianças paquistanesas (sobretudo, mas não somente) com a China impedem o surgimento de assimetrias críticas que permitam que a Índia empreenda uma campanha de surpresa estratégica objetivando a dominação territorial. Pelo mar, as frotas indianas não possuem alcance suficiente para atacar de fora de uma posição vulnerável. Pelo ar, bombardeios apresentam um alto risco de escalada do conflito, com a tensão especial dada pela posse de armamentos nucleares. Pelo solo, a cavalaria paquistanesa está estacionada nas proximidades da fronteira com a Índia, enquanto a cavalaria indiana está localizada predominantemente no centro do país e, ainda segundo Ladwig (2015), sofrem de obsolescência, baixa visibilidade e incapacidade de operar à noite.

A fronteira indo-paquistanesa pode ser fragmentada em três partes. A primeira é constituída por 2.900 km de relevo variado entre cordilheiras, florestas, estradas estreitas, ocorrência de neve e precipitações, o que diminui a visibilidade e a consequente capacidade de utilização de equipamentos de superioridade aérea, de interrupção de comunicações e de vigilância. A geografia, portanto, influencia drasticamente a condução de operações militares, sobretudo quanto à capacidade de estacionar tropas, manter as cadeias de comando e controle e ordenar suprimentos e tropas. A segunda região fronteiriça se estende do sul da Caxemira e Jammu até o norte do Rajastão e é marcada por canais de irrigação que constituem um obstáculo por si só, mas que também são utilizados como fortificações defensivas. A região também possui áreas urbanas que mitigariam o elemento surpresa na condução de uma operação militar. A terceira parte, representada pelo encontro entre as províncias paquistanesas de Punjab e Sindh, está vulnerável a uma surpresa estratégica, mas já possui alternativas ao corte de linhas de transporte e comunicação. A quarta parte, nos desertos ao sul do Rajastão e no Gujarat, apesar de adequada ao emprego intensivo de tecnologias, não apresenta conteúdo estratégico considerável para justificar uma escalada de conflito (LADWIG, 2015).

O triângulo Índia-China-Paquistão é fortemente influenciado pela aliança existente entre os dois últimos. Fundada nos anos 1960, na esteira da rivalidade comum com a Índia, a China contribuiu para o suprimento de armamento ao Paquistão, o apoio diplomático, a construção de infraestrutura e o auxílio na produção em defesa e no programa nuclear. Notadamente, em 1991, a China transferiu ao Paquistão mísseis de médio alcance capazes de carregar ogivas nucleares. Não por acaso existe a tensão de que o apoio Chinês aos vizinhos indianos provoque um enclausuramento da Índia em seu próprio território (MANSINGH, 1994). Os testes nucleares indianos de 1998 foram justificados com base na ameaça potencial chinesa. A China, por sua vez, utilizou-se disso para apoiar os testes nucleares paquistaneses como uma reação legítima à Índia. A relação estratégica sino-paquistanesa[43] é vista como uma tentativa de contenção indiana e afeta diretamente as possibilidades de cooperação entre Índia e China (JAIN, 2004).

3.2 AMBIENTE DOMÉSTICO: CARÁTER E PAPEL DO ESTADO

Esta seção apresentará de forma concisa o ambiente doméstico no caso indiano, utilizando-se dos gastos militares como um *proxy* para avaliação da atuação estatal, aprofundada pela análise da institucionalidade, dos programas de modernização militar e da promoção ao setor industrial de defesa. Inicialmente, apresentam-se as grandes tendências orçamentárias e, posteriormente, o enfoque se volta especificamente ao papel desempenhado pelo Estado.

3.2.1 Tendências em gastos militares

A história dos gastos militares e da indústria de defesa indiana está intrinsecamente relacionada com as históricas rivalidades com o Paquistão e com a China. Conforme Hou (2009), à época da partilha do território das colônias britânicas, o território indiano correspondeu àquele em que se localizavam as fábricas de artilharia, o que conferiu vantagem à Índia e incentivou o investimento paquistanês em defesa. Não obstante, a autora, que analisa o período de 1960 a 2007, explicita que os três maiores saltos no orçamento de defesa indiano ocorreram em 1962 (37,4%), 1971 (19,2%) e 1999 (16,1%), anos coincidentes com a Guerra Sino-Indiana, a terceira Guerra Indo--Paquistanesa e a Guerra de Cargil, respectivamente (HOU, 2009).

---

[43] Atualmente intensificada pelo Corredor Econômico China-Paquistão (CPEC), parte da iniciativa *Belt & Road*, que passaria pelas regiões disputadas na Caxemira e contribuiria para o desenvolvimento econômico paquistanês, sobretudo pelas melhorias de infraestrutura (RANJAN, 2015; SIAL, 2014).

ESTADO E INDÚSTRIA DE DEFESA EM PAÍSES EMERGENTES:
BRASIL, ÍNDIA, TURQUIA E ÁFRICA DO SUL

Falar sobre as tendências quantitativas e qualitativas nos gastos militares implica falar tanto sobre a composição do orçamento quanto sobre os procedimentos de aquisição existentes no caso indiano. De acordo com dados do *Institute for Defence Studies and Analyses* (IDSA)[44], a composição do orçamento de defesa indiano, no período de 2010 a 2020, apresentou um decréscimo de 10% com armazenagem e aquisições, percentual incorporado às despesas com salários e aposentadorias. As aposentadorias, que na década de 1980 correspondiam a 10% das estimativas com serviços de defesa, publicadas pela ala financeira do Ministério da Defesa indiano, atualmente correspondem a 40% dessas. Esse crescimento é consequência do incremento de pessoal elegível à aposentadoria após reformas nas décadas de 1960 e 1970 (BEHERA, 2020).

Tais discrepâncias na alocação de recursos se refletem em riscos ao processo de transformação militar indiano, manifestos em dificuldades na aquisição em defesa e na modernização das forças. Apesar de o crescimento indiano ter se refletido nos recursos alocados em defesa, não existe uma coordenação entre políticas — diplomática, econômica, de defesa e de inteligência — nem uma agência para elaboração e promoção de uma grande estratégia nacional. Tal incapacidade decisória impede a definição de uma linha de atuação coesa contra a ameaça paquistanesa, o incremento de capacidades chinesas e o combate doméstico ao terrorismo. Em suma, a literatura observada argumenta que a Índia necessita de mais vontade política e capacidade institucional para completar o rol de atributos e possibilidades de ação de uma grande potência (COHEN; DASGUPTA, 2010; THANGAMANI, 2020).

Esse parece ser um dos grandes problemas da Índia, que persiste desde a descolonização. O Estado indiano manteve a burocracia colonial sem atacar as contradições de um corpo de servidores que respondia a um império. O poderoso exército indiano era visto como um instrumento de opressão e um fardo financeiro, sobretudo pelo

---

[44] *Think-tank* governamental que, segundo Cohen e Dasgupta (2010), luta para se manter relevante e consegue publicar pesquisas controversas, pois o alto oficialato não se importa em lê-las.

caráter pacifista das principais lideranças da Índia independente. O exército não sofreu grandes transformações institucionais com o processo de independência e não se adequou aos princípios igualitários da nova constituição. Tal estabilidade institucional também garantiu a manutenção de uma elite militar profissionalizada, formada no Império Britânico e preocupada com a adoção de novas tecnologias. Diferentemente do que aconteceu no vizinho Paquistão, os militares indianos não se envolveram na política doméstica (COHEN; DASGUPTA, 2010).

Além da dificuldade da coordenação política, a Índia também sofre com atrasos em aquisições militares. Na análise realizada por Kundu (2019), os riscos envolvidos nas aquisições indianas possuem caráter tecnológico, contratual ou organizacional. Os riscos tecnológicos predominam em contratos com o DRDO[45] e com empresas do setor público, as chamadas DPSUs[46]. Os riscos contratuais são mais comuns nos estágios de produção e entrega dos produtos e serviços, sendo mais comuns com firmas estrangeiras e em contratos firmados com empresas fora do guarda-chuva do Ministério da Defesa indiano. Riscos organizacionais, por sua vez, predominam no processamento das aquisições, no conflito e na coordenação interagências, como reflexo da incapacidade de articulação política.

Com relação à institucionalidade, os atrasos e riscos envolvidos no processo de aquisição indiano ocasionam uma busca por confiabilidade acima da qualidade. Rússia, Israel e França são tradicionais fornecedores de sistemas de armas para a Índia,

---

[45] O DRDO, sigla traduzida para Organização de Pesquisa e Desenvolvimento da Defesa, é a ala do Ministério da Defesa da Índia responsável pelos processos de P&D. Seus objetivos principais compreendem o fomento a tecnologias de ponta e a autossuficiência em tecnologias e sistemas críticos de defesa. Estabelecido em 1958, o DRDO conta hoje com mais de 50 laboratórios responsáveis por projetos de sistemas de armas indianos (DEFENCE RESEARCH AND DEVELOPMENT ORGANISATION, 2020).

[46] As DPSUs, sigla traduzida para Empresas de Defesa do Setor Público, são oito estatais indianas cujos níveis de emprego correspondem a mais de um milhão de trabalhadores. Essas estatais correspondem a 90% da produção doméstica em defesa. A articulação das DPSUs com as Forças Armadas é feita via DRDO. Há de se destacar que, dada a pujança econômica, as DPSUs representam um grupo de interesse capaz de influenciar o processo político (ROSSITER; CANNON, 2019).

mas nem sempre correspondem à vanguarda tecnológica ou aos produtos mais baratos. Para o sucesso da integração do material de emprego militar fabricado domesticamente, a Índia precisa enrijecer o cumprimento dos prazos e incentivar o trabalho conjunto entre os ramos das forças armadas. Tais necessidades ficam patentes quando os autores apresentam as características das três forças: o exército vive uma dicotomia entre funções domésticas de segurança e projeção de poder, que não se articulam de forma a promover um programa de modernização que responda ao crescimento de tropas paramilitares; a força aérea encabeça o projeto de modernização, com ênfase na dominância aérea em detrimento do suporte terrestre; a marinha, por sua vez, é a força com maior caráter político, trabalhando conjuntamente aos EUA no Oceano Índico e no Golfo Pérsico (COHEN; DASGUPTA, 2010).

É característico do caso indiano a busca pela diversificação dos fornecedores de armamentos. Essa é uma alternativa racional, dado que o principal argumento pelo estabelecimento de indústrias de defesa nacionais e da busca pela autarquia está na garantia de autossuficiência e independência de fornecedores externos. Ao adquirir produtos e serviços de defesa de diferentes fontes, mitigam-se os riscos de insegurança mediante embargos econômicos, bem como os de acentuação da dependência para com um Estado em específico (ROSSITER; CANNON, 2019). Assim, esperou-se aprimorar a cadeia de produção doméstica mediante absorções incrementais de tecnologia estrangeira, sobretudo soviética durante o período da bipolaridade (HOYT, 1996). Entretanto, há de se destacar que a adoção de equipamentos com diferentes origens, pensados para diferentes ambientes e empregos, requer um aperfeiçoamento institucional e doutrinário capaz de conjugar os diferentes ramos das forças armadas e coordenar a capacidade combatente. A Figura 5 demonstra os maiores fornecedores de sistemas de armas para a Índia em valores indicadores de tendência (TIV), em milhões, no período considerado para a seleção de casos desta obra.

Figura 5 - Principais fornecedores de sistemas de armas para a Índia (SIPRI TIV – milhões)

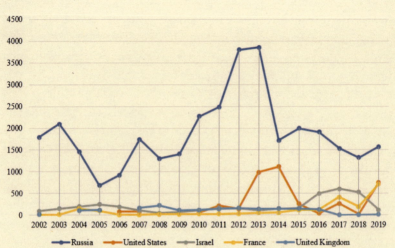

Fonte: elaborada pelo autor com base em SIPRI (2023).

Cohen e Dasgupta (2010) enfatizam a necessidade de integrar diferentes políticas públicas em prol de um objetivo comum. Para os autores, isso só acontecerá quando se perceberem as limitações envolvidas em um processo de modernização incompleto. Segundo eles, mesmo que a Índia possua um desenvolvimento acima da média dos países emergentes, a exclusão dos militares do processo de aquisição de equipamentos de defesa e a carência de formação específica dos burocratas civis favorecem um contexto de ineficiência estratégica. As políticas de aquisição serão discutidas na próxima seção, vinculadas a um contexto de busca pela modernização militar indiana.

Para Cohen e Dasgupta (2010), a entrada da iniciativa privada no setor industrial de defesa indiano será um processo controverso, dado o poder político possuído pelo DRDO e pelas DPSUs. Entretanto, o não envolvimento do setor privado na indústria de defesa indiana implica que essa não pode ser automaticamente equiparada ao paradigma de inovação e competitividade que marca o setor privado. Para os autores, as vantagens que as companhias privadas desfrutam em suas atividades-fim são produto da adoção de formas organizacionais modernas, um processo que reluta em acontecer dentro da institucionalidade militar indiana. Não se pretende aqui avaliar a organização militar indiana, mas sim relacionar a busca da autonomia estratégica e tecnológica indiana com a consolidação da indústria de defesa.

3.2.2 Atuação estatal e institucionalidade

Apesar dos inúmeros trabalhos que investigam os efeitos do gasto em defesa para países em desenvolvimento, o caso indiano ainda é subanalisado[47]. Não é o objetivo deste livro cobrir tal lacuna, dado o caráter qualitativo e a revisão histórica empreendida. A presente seção apresenta, de forma sucinta, os imperativos pela busca da modernização militar indiana e a vinculação existente entre a política industrial e a política de defesa. A literatura indiana sobre o pensamento estratégico não é amplamente difundida e a maiorias das fontes encontradas na pesquisa por documentos ou publicações possuem caráter jornalístico. Correndo o risco de soar demasiadamente conjuntural, serão apresentados tanto os objetivos estratégicos das forças armadas indianas quanto a vinculação desses aos resultados esperados pela iniciativa *"Make in India"*, apresentada em 2014 pelo primeiro ministro Narendra Modi.

Não parece novidade para a literatura sobre Índia a necessidade de aprimorar as instituições domésticas e torná-las mais assertivas, mas esse processo passa pela necessidade de definir os objetivos do país e o tipo de poder que se busca exercer no Sistema Internacional (SINHA; DORSCHNER, 2010). *Policy papers* não hesitam em afirmar que a economia indiana é mais dependente do Sistema Internacional do que possa parecer e que esse não acomodará facilmente o cres-

---

[47] Pode-se encontrar trabalhos que abordaram o tema em alguma medida: é o caso da tese de Na Hou (2009). Para a autora, apesar da existência de uma corrida armamentista entre Índia e Paquistão, os efeitos dessa nos gastos militares foram inconclusivos. Utilizando-se de ferramentas de regressão, a autora concluiu que os fatores determinantes para os gastos em defesa indiano dizem respeito ao incremento no nível de renda nacional, à manutenção do status de democracia e às ameaças percebidas de China e Paquistão.

cimento indiano. O lento crescimento das economias industriais avançadas e a busca pela reindustrialização dificultam estratégias de crescimento baseadas em subsídios a empresas exportadoras para que produzam bens específicos, determinados pelo Estado. Apesar da dificuldade em manejar o crescimento da demanda doméstica, a consolidação institucional parece ser fulcral para o sucesso de estratégias de desenvolvimento (RAJAN, 2015).

Na indústria de defesa, apesar da pujança econômica, limitações institucionais impedem que as aquisições se traduzam em um incremento real de capacidades (LADWIG, 2015). Em retrospecto, as estratégias anteriores não são vistas como exitosas: a permanência do país como um dos maiores importadores de armamentos e o não cumprimento de requerimentos em programas de desenvolvimento e aquisição domésticos são os principais fatores que desacreditam a indústria de defesa indiana (ROSSITER; CANNON, 2019). A vinculação da produção industrial em defesa não se restringe a uma faceta da política industrial da Índia: os constantes esforços pela modernização militar e a adoção de estratégias baseadas na emulação de tecnologias estrangeiras requerem que se repensem também os componentes estratégicos e doutrinários do emprego da força[48].

O livro *Arming without aiming*, de Stephen P. Cohen e Sunil Dasgupta, é bastante crítico tanto ao direcionamento da modernização militar indiana quanto ao papel desempenhado pelo DRDO indiano. Na primeira parte, o cerne do argumento dos autores diz respeito a um projeto de modernização militar guiado pelo desejo de prestígio, sem que responda às ameaças de terrorismo[49] e guerra irregular que acometem o país. Cabe destacar que as disputas com o Paquistão pela Caxemira e com a China pelo Himalaia, para além de diferenças ideológicas e religiosas, apresentam um

---

[48] No caso indiano, isso significa delinear as capacidades necessárias para lidar com a ameaça paquistanesa e decidir como a China será abordada nas relações securitárias (COHEN; DASGUPTA, 2010).

[49] O ataque terrorista em Mumbai, que ocorreu em 2008, foi uma demonstração da incapacidade das Forças Armadas em lidar com as ameaças domésticas e de adotar uma coerência estratégica. Os equipamentos e o pessoal estavam disponíveis, mas ambos não foram empregados de forma célere e coordenada (COHEN; DASGUPTA, 2010).

caráter simbólico para o qual o sucesso da indústria de defesa é valioso e representa os resultados da busca indiana pela autonomia (KINSELLA; CHIMA, 2001). Desejar adquirir porta aviões, aeronaves de combate e tanques, entretanto, sugere uma postura de projeção de poder e não de restrição militar, divergindo da postura não alinhada e pacifista que permeia a política externa da Índia (COHEN; DASGUPTA, 2010).

Apesar das críticas ao DRDO, como a sobre a sua atuação como grupo político e sobre os riscos contratuais, tecnológicos e organizacionais, a organização segue sendo o cerne do desenvolvimento das capacidades autônomas indianas. Vinculada ao Ministério da Defesa, o orçamento da organização reflete o incremento indiano nos gastos em defesa na busca de uma maior capacidade de agência internacional. O DRDO é responsável pela propriedade intelectual dos produtos de defesa indianos e enfatiza, pelas suas agências estratégicas, os setores aeronáuticos — para obtenção dos meios de entrega que operacionalizem a tríade nuclear — e de tecnologia da informação e comunicação. Mesmo com fracassos, como o desenvolvimento do avião de combate leve (LCA) *Tejas*, o DRDO enfatiza os sucessos de seu programa missilístico, o qual tem as parcerias com a Rússia no míssil "BrahMos" e os mísseis balísticos intercontinentais da família "Agni", que em seu modelo VI atinge 10 mil km de alcance. Além do DRDO, a Organização Indiana de Pesquisa Espacial (ISRO) tem obtido sucessos em seu programa de lançamento de veículos aéreos, bem como no desenvolvimento de satélites que contribuíram para a maturação da família "Agni" (BARCELLOS, 2019).

A retomada dos esforços de produção doméstica no governo Modi, que ascendeu em 2014, é parte de um esforço para que o país desempenhe efetivamente o papel de grande potência que sua população e capacidade nuclear sugerem. Dentre as principais reformas empreendidas pelo governo indiano, destacam-se as seguintes categorias: (i) abertura dos contratos em defesa para o setor privado; (ii) abertura para investimento externo na indústria de defesa; (iii) incentivo a projetos conjuntos de P&D e arranjos de coprodução com firmas estrangeiras; (iv) formalização de acordos de transferência tecnológica; e (v) incentivo à exportação em defesa (BITZINGER, 2015a). Tal postura objetiva pressionar as empresas estatais a buscar maior competitividade, de forma que se atinja o sucesso na substituição de importações e na promoção das exportações em defesa, removendo a dependência das estatais para com as aquisições domésticas (BITZINGER, 2015a; ROSSITER; CANNON, 2019).

O documento que norteia a compra de equipamentos militares na Índia é o *Defence Acquisition Procedure* (DAP), cuja primeira publicação data de 2002, ainda com o nome de *Defence Procurement Procedure* (DPP). O documento explicita em seus objetivos a aquisição rápida de equipamentos militares, sistemas e plataformas conforme os requisitados pelas Forças Armadas, respeitando a transparência e a eficiência na alocação do orçamento. O DAP formaliza também o objetivo absoluto de desenvolver a Índia como referência global de manufatura em defesa mediante internalização do processo produtivo. O documento apresenta as seguintes possibilidades de aquisição: "Compra", "Compra e Fabricação", "Locação", "Fabricação", "Desenho e Desenvolvimento (D&D)" e "Modelo de Parceria Estratégica (SPM)"[50].

Na categoria "Compra", os produtos podem ser categorizados em IDDM (*Indian Designed, Developed and Manufactured* — pelo menos 50% de conteúdo indiano), "*indian*" (vendedores indianos) e "global". Na categoria "compra e fabricação", os produtos podem ser fornecidos por vendedores indianos ou por vendedores estrangeiros que os manufaturem na Índia (INDIA, 2020a). Na categoria "fabricação", os produtos se dividem em três subcategorias: I – financiado pelo governo (até 70%), II – financiados pela indústria (sem participação estatal) e III – produtos não projetados ou desenvolvidos domesticamente, mas que possam ser fabricados em um contexto de substituição de importações (COWSHISH, 2020a). O Quadro 6 contém as categorias de aquisição hierarquicamente categorizadas e os requisitos de conteúdo nacionalizado.

---

[50] No original, "*buy*", "*buy and make*", "*leasing*", "*make*", "*design and development*" e "*strategic partnership model*", respectivamente (INDIA, 2020a)

Quadro 6 - Categorias e requisitos para aquisição em defesa na Índia

Categorias hierarquizadas	Fornecedores elegíveis	Conteúdo nacionalizado
Compra (IDDM)	Indianos	Projeto e >= 50%
Compra (Indian)	Indianos	Projeto e >= 50% ou >= 60%
Compra e fabricação (Indian)	Indianos	>= 50% da fabricação e *offset*
Compra (Global – Manufacture in India	Estrangeiros e indianos	>= 50%
Compra (Global)	Estrangeiros e indianos	Estrangeiro = NA Indiano >= 30%
Categorias especiais		
Fabricação – I, II & III ou Inovação		
Modelo de Parceria Estratégica		
Locação		

Fonte: elaborado pelo autor com base em Cowshish (2020a) e Índia (2020a).

A busca do governo indiano pelo conteúdo doméstico na produção em defesa está expressa também na iniciativa *Atmanirbhar Bharat*[51] (INDIA, 2020b). Foi anunciada em agosto de 2020 uma lista composta por 101 sistemas de armas cujas importações estão banidas. Esse embargo será implementado progressivamente entre 2020 e 2024, restringindo a importação de artilharia, rifles, corvetas, sonares, aeronaves de transporte, helicópteros leves de combate, radares e blindados sobre rodas. Apesar de ter sido construída com consulta às Forças Armadas e ao setor privado (KAUSHIK, 2020), a medida é vista como radical, pois impede a aquisição de produtos que não correspondam aos requisitos de conteúdo doméstico,

---

[51] "Índia autossuficiente", em tradução livre.

bifurca os orçamentos de defesa — destinando parte às aquisições domésticas e outra às aquisições estrangeiras — e constrange a cooperação entre empresas locais com fornecedores estrangeiros (COWSHISH, 2020b). A qualidade dos produtos locais e a dependência de conteúdos importados também levantam dúvidas sobre a efetividade da iniciativa (RAGHUVANSHI, 2020).

3.3 INDÚSTRIA DE DEFESA

Esta seção versa de forma objetiva sobre o surgimento e as características da indústria de defesa na Índia. Ao observar o caso indiano com o modelo de análise proposto em vista, argumenta-se que o Estado indiano desempenhou historicamente o papel de demiurgo, dadas as origens da indústria de defesa nas fábricas de artilharia e a preponderância das Empresas de Defesa do Setor Público (DPSUs) na produção industrial em defesa. Historicamente, o Estado indiano criou condições para a sobrevivência das empresas do setor ao blindá-las da concorrência, negociou os acordos de transferência junto aos atores externos e não teve a participação de uma elite industrial privada inclusa nas estratégias comerciais. Argumenta-se também que a indústria de defesa da Índia foi inicialmente de tipo autóctone mínima, transformou-se em globalizada, mas não alcançou o status de desenvolvida, pois mesmo com o grande mercado do país, que atrai os fornecedores externos, a atuação estatal falha tanto em promover estratégias de inovação tecnológica quanto em promover exportações.

O contexto securitário indiano, apresentado na seção 3.1, demanda que o país possua capacidades militares consideráveis, mas este por si só não justifica a decisão entre importar ou produzir domesticamente os sistemas necessários. As promessas do uso dual, do transbordamento de tecnologia para setores civis e da manutenção das reservas financeiras internacionais são argumentos recorrentes no debate sobre os gastos militares, mas insuficientes para evitar a contestação desses, sobretudo em uma democracia. Então a busca pela autonomia, entendida como liberdade de ação em âmbito regional e internacional, surge como elemento legitimador. No caso indiano, os embargos impostos pelos Estados Unidos em 1965 e 1971 — em decorrência dos conflitos entre Índia e Paquistão — legitimam a campanha pela autonomia e tornaram-se parte da política externa indiana de não alinhamento[52] (KINSELLA; CHIMA, 2001).

A manufatura de armamentos indiana, entretanto, inicia de forma tímida no período imperial britânico e toma fôlego durante a Segunda Guerra Mundial, na qual, em resposta ao militarismo japonês, expandem-se as fábricas de artilharia e passam-se a produzir armamentos, vestimentas e aeronaves. Com a independência indiana, a produção em defesa foi vista como contraproducente tanto do ponto de vista econômico — sendo preterida em favor da indústria pesada e de bens intermediários — quanto do ponto de vista político, refletindo os ideais de Mahatma Gandhi quanto à coexistência pacífica e evitando o envolvimento em corridas armamentistas regionais que prejudicariam a alocação de recursos em um contexto de busca de desenvolvimento (MATTHEWS, 1989).

A modernização militar indiana, observada como uma resposta à parceria entre Estados Unidos e Paquistão, partiu de um esforço inicial de aquisição de sistemas de armas junto a fornecedores estrangeiros, que posteriormente se vinculou à produção industrial pela busca de acordos de produção licenciada e montagem de sistemas por empresas domésticas. A formalização dessa estratégia ocorreu ao fim dos anos 1970, condicionando a compra de sistemas de armas à transferência de tecnologia para manufatura e a cláusulas de recompra pelos fornecedores. Tais critérios restringiram a disposição de países ocidentais em participar de programas de aquisição indianos, o que, aliado à baixa disponibilidade de moeda estrangeira, levou a um cenário de dependência do fornecimento soviético (MATTHEWS, 1989).

A produção industrial em defesa indiana está distribuída em oito Empresas de Defesa do Setor Público (DPSUs) e em 39 fábricas de artilharia (OF). Enquanto as fábricas de artilharia se encarregam

---

[52] O programa nuclear indiano também se relaciona com a lógica de não alinhamento indiana. Apesar de não estar vinculado explicitamente ao escopo deste livro, cabe a menção, dado o papel simbólico que a posse de artefatos nucleares reflete nas relações securitárias junto ao Paquistão e China.

da produção de materiais de emprego militar com menor valor agregado, as DPSUs são responsáveis pelo provimento de sistemas militares que contribuem para a consecução dos objetivos estratégicos indianos. Para além das OF, as outras duas companhias indianas que figuram no ranking do SIPRI das 100 maiores fabricantes ou fornecedoras de serviços em defesa são DPSUs, respectivamente: *Hindustan Aeronautics Limited* (HAL) e *Bharat Electronics Limited* (BEL) (BEHERA, 2009). Não por acaso, HAL e BEL estão vinculadas aos setores aeroespacial e das tecnologias de informação e comunicação, historicamente incentivados pelo governo indiano (MATTHEWS, 1989).

Paradoxalmente, as DPSUs, criadas para garantir a autonomia indiana na produção de sistemas de armas com maiores valores agregados, são consideradas a causa do mau desempenho indiano e da manutenção da dependência do país com os componentes críticos importados. Apesar de produzirem aeronaves, navios de guerra, submarinos, veículos pesados, mísseis, eletrônicos e metais especiais, as DPSUs não conseguem entregá-los e forçam o Estado indiano a importar sistemas equivalentes testados em combate e que garantam a prontidão das Forças Armadas da Índia. Analisando o desempenho das DPSUs em relação ao valor agregado, exportações e produtividade do trabalho, Behera (2009) conclui que mesmo aumentando o volume produzido, o valor agregado aos produtos decresceu em função da dependência de materiais importados, o valor das exportações correspondeu a 3% do valor produzido e a produtividade permanece aquém dos competidores globais.

A dificuldade na promoção de exportações decorre tanto do maior custo para produção na Índia quanto pela não diferenciação dos produtos em relação aos competidores globais, o que os torna menos atrativos para os mercados potenciais. A disfuncionalidade do P&D indiano, canalizado pelo DRDO e exemplificado tanto pelo atraso de 20 anos e as denúncias de corrupção na produção de uma aeronave leve de combate (COHEN; DASGUPTA, 2010) quanto pelos baixos valores investidos pelas DPSUs (BEHERA, 2009), lança dúvidas quanto à capacidade da Índia de diferenciar-se no mercado internacional e condiciona as exportações a acordos políticos firmados pelo governo que por vezes contrariam a imagem pacifista na qual o país construiu sua política externa.

A atual estratégia de exportação parte da iniciativa *"Make in India"*, cuja vinculação baliza a mudança de atuação do Estado indiano ao papel de Parteiro, enfatiza os sistemas de mísseis e sistemas navais nos quais a indústria indiana possui maior domínio produtivo e percentual de conteúdo doméstico, mas também fornece soluções de manutenção e atualização de sistemas de armas soviéticos. Dentre os principais parceiros elencados, destacam-se Vietnã, Malásia, Afeganistão, Nepal, Namíbia, Turquia e Sri Lanka. A expertise do setor privado indiano na área de tecnologias da informação e comunicação também é vista com otimismo, de forma a canalizar tal expertise em prestação de serviços para integração de sistemas militares (JHA, 2016; ROSSITER; CANNON, 2019). Apesar da esperança indiana, os valores de exportações ainda são modestos e descontínuos. Os principais destinos das exportações em defesa indianas estão elencados na Figura 6.

Figura 6 - Principais importadores de produtos e serviços de defesa indianos (SIPRI TIV – milhões)

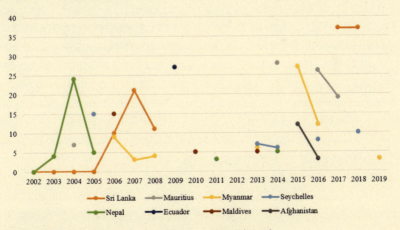

Fonte: elaborada pelo autor com base em SIPRI (2023).

A atividade militar-industrial indiana permanece, entretanto, como uma via de mão única. O temor quanto à emergência de um complexo militar-industrial, cujos interesses permeassem a política externa e consumissem o orçamento em defesa, restringiu, tanto na estratégia de industrialização de 1947 quanto na política industrial de 1956, a fabricação dos equipamentos militares às empresas do setor público. Somente a partir do fim da década de 1980 as empresas privadas puderam adentrar na manufatura e no fornecimento de produtos de defesa, mas restritas a itens de baixo valor agregado (MATTHEWS, 1989). Atualmente, apesar da vontade que as firmas privadas possuem em participar do processo de produção industrial, algumas com parceiros estrangeiros (COHEN; DASGUPTA, 2010), os interesses políticos das DPSUs e do DRDO e os valores destinados a essas permanecem no centro do debate.

Cohen e Dasgupta (2010) corroboram a ideia de que um complexo militar-industrial indiano depende do rompimento tanto da ideia de autarquia quanto das amarras do pacifismo da política externa indiana. Há empresas como a Tata Motors, Mahindra e Larsen & Toburo que fabricam veículos leves, blindados e participam do setor de eletrônicos e que já estão inseridas em cadeias de fornecimento de grandes *players* do mercado internacional em defesa como BAE *Systems* e Boeing. Tais empresas também poderiam ser mais atuantes em DPSUs de finalidade dual, com o incremento da possibilidade de venda de ações do governo indiano. Em um contexto reformista e de liberalização, a entrada de uma contraparte privada nacional no mercado de defesa indiano tem contribuições potenciais, dadas as expertises no setor de TIC, mas esse processo ocorre de forma relutante, descoordenada e permeada pelo temor quanto a escândalos de corrupção (ROSSITER; CANNON, 2019; WEISS, 2018).

3.4 CONSIDERAÇÕES PARCIAIS

O capítulo atual apresentou de forma sucinta as tendências no orçamento em defesa indiano, o papel desempenhado pelas pressões geopolíticas e o retorno do impulso tecnonacionalista (BITZIN-

GER, 2015b) no incentivo ao fortalecimento da produção em defesa e inclusão de atores privados nesse processo. A participação do governo no processo, incentivando a substituição de importações e o desenvolvimento doméstico não parece o caminho mais producente. Apesar de incentivar a produção doméstica, não se percebem as forças que o setor privado indiano possui e que o fizeram despontar a nível internacional, como a capacidade de integrar sistemas e a força de trabalho educada em inglês (ROSSITER; CANNON, 2019). Percebe-se a baixa probabilidade de produzir produtos de qualidade compatível com o gasto necessário para desenvolvimento e aquisição domésticos (BITZINGER, 2015a).

É importante explicitar que a literatura que embasou este capítulo não trata o caso indiano como um caso de sucesso (COHEN; DASGUPTA, 2010; KUNDU, 2019). Tal percepção é decorrente dos grandes montantes investidos em defesa e da baixa porcentagem de conteúdo nacional presente nas aquisições domésticas — problema que o atual governo tenta solucionar do topo para a base — e na incapacidade de incrementar a participação no mercado exportador de defesa. No caso indiano, não se pode afirmar que existe um Estado desenvolvimentista, visto que prevalecem as empresas estatais e se verifica baixa participação do setor privado. A articulação das aquisições e do incentivo à indústria de defesa se dá entre elites políticas e ocorre à mercê das competências que caracterizam os setores tecnológicos de vanguarda no país. A evolução da indústria de defesa indiana está sintetizada no Quadro 7.

Quadro 7 - Síntese histórica da indústria de defesa na Índia

	1945-1989	1989-2001	2001-presente
Ameaça percebida	Regional	Regional	Regional
Tipo de aliança	Autonomista/ Ao desafiante	Autonomista	Autonomista/ Ao hegêmona
Tipo de Estado	Intermediário	Intermediário	Intermediário

	1945-1989	1989-2001	2001-presente
Papel do Estado	**Demiurgo/ Regulador**	Demiurgo	Parteiro
Indústria de defesa	Autóctone mínima	Globalizada mínima	Globalizada mínima

Fonte: o autor.

4

TURQUIA: O PAPEL DO ESTADO CULTIVADOR ENTRE ALIANÇAS E RIVALIDADES

O caso da Turquia é relevante para esta investigação, pois o país conseguiu não somente manter uma firma de defesa, mas incluir uma segunda no ranking das 100 maiores exportadoras de produtos e serviços de defesa elaborado pelo SIPRI. Essa trajetória crescente sugere que o país esteja tendo sucesso em suas estratégias de industrialização em defesa. A presente seção busca analisar, a exemplo dos pontos observados no caso indiano, na seção anterior, as tendências nos gastos militares turcos, o ambiente securitário existente, o papel e os prospectos com as alianças e a barganha doméstica pela consolidação da indústria de defesa, reca-pitulando a literatura de forma a sintetizar as variáveis independentes e intervenientes para a posterior observação da variável dependente.

4.1 ASPECTOS ESTRUTURAIS: AMEAÇAS E ALINHAMENTO

O ambiente securitário afeta diretamente a decisão turca de investir na indústria de defesa. Se, quando possível, o país tentou manter as relações econômicas, a busca pela maximização da segu-rança com base no fortalecimento da capacidade de produção interna é resultado de uma desconfiança existente quanto às intenções dos vizinhos, sejam eles atores nacionais ou não nacionais, aliados ou adversários (ÖZER, 2017). Dada a geografia, a Turquia espera cum-prir o papel de barreira entre a Europa e a instabilidade do Oriente Médio, bem como se legitimar como um modelo de democracia muçulmana que aprofunde as relações com os países ocidentais (GÜRSOY, 2018; ÖZER, 2017).

A geografia é determinante no estabelecimento da política de segurança nacional da Turquia: a proximidade com o Oriente Médio, os Bálcãs e o Cáucaso, bem como as bacias dos mares Cáspio, Negro e Mediterrâneo, evocam um ambiente securitário instável que compele a Turquia a desenvolver políticas robustas que não afetam somente a percepção de ameaças, mas o modelo de democracia como um todo. No pós-Guerra Fria, tornou-se difícil encontrar um tópico social e político no território turco que não relacionasse em alguma medida, com a segurança nacional, tensões que se manifestaram na política doméstica mediante debate entre os céticos e os favoráveis à entrada da Turquia na União Europeia (BILGIN, 2005).

Percebe-se, na posição geopolítica turca, um processo de "ansiedade territorial", manifesto pela busca da manutenção da integridade territorial e pelo medo do abandono por parte das alianças. O primeiro processo é consequente do trauma da fragmentação do Império Otomano e da adoção de normas internacionais que, na percepção doméstica, enfraqueceram a segurança do império; o segundo marcou a posição isolacionista turca até a Segunda Guerra Mundial e, apesar de amenizado com a integração da Turquia à Otan, não foi completamente dissipado. Ademais, a posição geopolítica foi operacionalizada no discurso, de forma a legitimar o antagonismo turco à União Soviética em âmbito geográfico e ideológico (BILGIN, 2005; YEŞILTAŞ, 2013).

A adesão da Turquia à Otan em 1952, produto de duas tentativas falhas até o envio de tropas para a Guerra da Coreia (ÖZER, 2017), teve efeitos duais para a prontidão das forças turcas: ao passo que o país recebeu ajuda financeira estadunidense e pôde galgar uma maior inserção a nível regional e internacional, a urgência pelo armamento mitigou as possibilidades de desenvolvimento doméstico, tendo os esforços reformistas sido terceirizados sob a égide da responsabilidade coletiva da Otan. O Golpe Militar de 1960, a reviravolta da opinião pública internacional contra a Turquia diante da questão do Chipre e a retirada dos mísseis estadunidenses em 1963 lançaram o holofote sobre a necessidade turca de minimizar a dependência diante de fornecedores externos (RÉAL-PINTO, 2017).

A questão do Chipre permeia a formulação das políticas de segurança da Turquia até os dias atuais. O estabelecimento da República Turca do Chipre do Norte (TRNC), em 1983, não foi reconhecido pela comunidade internacional e a Turquia mantém a área sob seu guarda-chuva securitário. A União Europeia e a Armênia também figuram na agenda securitária. Apesar de não declarada nos documentos de defesa, a Grécia constitui um dos maiores focos de tensão, sobretudo nas águas territoriais do Mar Egeu, na plataforma continental, no espaço aéreo e nas ilhas localizadas entre os dois territórios. Essa polarização entre Grécia e Turquia advém das disputas pelo território do Chipre, datadas da Guerra Fria, e que perduram até a contemporaneidade (GÜRSOY, 2018; RÉAL-PINTO, 2017).

A partir da década de 1980, a reaproximação entre Turquia e Estados Unidos foi produto de interesses comuns. O fortalecimento militar da Turquia — com objetivos tecnológicos, econômicos e industriais — buscava desvincular a agenda securitária nacional do processo decisório da Otan, ao passo que, para os EUA, o empoderamento turco era uma oportunidade de diminuir os custos de proteção sem implicar um aumento da insegurança no Mediterrâneo. Para os países europeus, a integração turca também significava um maior grau de independência dos EUA, manifesta por projetos com firmas francesas, italianas e britânicas. A adesão da Turquia à então Comunidade Econômica Europeia, entretanto, foi preterida em favor da Grécia (RÉAL-PINTO, 2017).

Durante os anos 1980 e 1990, as questões de segurança interna foram predominantes para a Turquia, e mesmo com governos militares as instáveis coalizões governantes voltaram seu foco para o combate do Partido dos Trabalhadores do Curdistão (PKK), presentes sobretudo nas fronteiras com o Iraque e considerados uma ameaça terrorista pela Turquia, EUA e União Europeia (GÜRSOY, 2018). A luta com o PKK ocorreu mediante contestação doméstica e internacional do monopólio do emprego legítimo da força pelo Estado turco, tanto pela contestação política interna quanto pelas pressões internacionais em prol de uma solução política, não somente supressão militar, para o problema (BILGIN, 2005).

O combate ao PKK e os assassinatos políticos diminuíram a legitimidade turca perante os pares europeus, impondo restrições à importação de armamentos junto a tais países (RÉAL-PINTO, 2017). A luta contra o PKK também levou a Síria às preocupações securitárias da Turquia. Ambos os países já viviam tensões pela geografia hídrica dos rios Tigre e Eufrates, contexto que levou a Síria a utilizar--se do PKK como instrumento político contra a Turquia (ERDAĞ, 2020; ÖZER, 2017). Os dois países firmaram, em 1998, o Acordo de Adana e estabeleceram as bases em prol da segurança territorial e da cooperação contra o terrorismo, com a Síria reconhecendo o PKK como organização terrorista, pavimentando o caminho para o período de pacificação das relações regionais.

A partir de 2002, com a ascensão do Partido da Justiça e Desenvolvimento (AKP) ao poder, a Turquia viveu um período pacífico, com o estabelecimento do controle civil sobre os militares, a derrota temporária do PKK e a cooperação econômica com os países vizinhos (GÜRSOY, 2018). O período também possibilitou um cálculo político preciso por parte dos líderes turcos: as relações com o Iraque, fortalecidas após 2001, seriam consideravelmente prejudicadas pela invasão estadunidense, que o parlamento turco tentou evitar — recusando o envio de tropas e de abertura do espaço aéreo — e que o país se recusou a aderir. Entretanto, a posição da Turquia como maior economia da região a colocou como uma promotora adequada da reconstrução iraquiana, incrementando o comércio não só entre os dois países, mas da Turquia para com grande parte do Oriente Médio e Norte da África (ÖZER, 2017).

A Primavera Árabe[53] e as eleições de 2011 marcaram a chegada de um novo período de instabilidade política à Turquia. A Síria se tornou o assunto mais discutido em reuniões do NSC, que contou também com a permanência da questão iraquiana e o crescimento da importância de Líbia, Iêmen e Egito. Voltou ao foco também a insurgência curda, sobretudo pelo crescimento em território sírio de partidos políticos vinculados ao PKK, que a Turquia tentou deslegitimar como forças confiáveis para combater o ISIS dentro do território sírio (GÜRSOY, 2018).

---

[53] Movimentos políticos que iniciaram com caráter democrático, mas que tomaram contornos de disputas pelo poder. Houve como resposta o incremento dos investimentos militares como forma de garantir a segurança dos regimes (ÖZER, 2017).

A principal demanda securitária turca na atualidade é o estabelecimento de sistemas de defesa antimísseis em seu território. A ameaça existiu durante a guerra entre Irã e Iraque, nas duas guerras do Golfo e na persistência da Guerra Civil da Síria. O fato de Rússia, Armênia, Azerbaijão, Irã, Síria, Israel, Arábia Saudita e Grécia possuírem sistemas missilísticos capazes de atingir o território turco motiva o país a buscar meios para mitigar tal ameaça (ERDAĞ, 2020) e reproduzem as preocupações que levaram o país a perseguir a autossuficiência na produção industrial de defesa. O país não possui autonomia sobre as decisões da Otan de manter baterias aliadas em seu território, mas também enfrenta pressões estadunidenses quanto à aquisição de sistemas russos ou chineses diante das possibilidades de espionagem ao interligar sistemas de diferentes origens nas cadeias de comando e controle.

4.2 AMBIENTE DOMÉSTICO: CARÁTER E PAPEL DO ESTADO

A presente seção apresenta de forma concisa o ambiente doméstico no caso da Turquia, utilizando-se dos gastos militares como um *proxy* para avaliação da atuação estatal. Para além dos valores absolutos e relativos do orçamento em defesa, a seção aprofunda a estratégia turca de diversificação de fornecedores para garantia de algum nível de independência no acesso a bens e serviços de defesa, bem como a atuação estatal distinta dos demais casos, enfatizando as expertises das empresas e a baixa ingerência estatal sobre os setores a serem incentivados.

4.2.1 Tendências em gastos militares

Desde 1961, com o surgimento do Conselho de Segurança Nacional (NSC), as percepções turcas sobre política de defesa e de segurança estão imiscuídas. Não coincidentemente, o órgão surge com a constituição do mesmo ano, no qual ocorreu o primeiro golpe de Estado da Turquia moderna. Os golpes de 1971 e 1980 contribuíram para o incremento da agência dos militares, em um contexto que só foi reformado com a ascensão do partido AKP (**Partido da Justiça e Desenvolvimento**, em tradução livre) em 2002. O NSC, entretanto, resistiu às mudanças de governo e continua sendo a plataforma na qual as prioridades securitárias são definidas e na qual se produz o chamado "Livro Vermelho" da política de segurança nacional — que não é divulgado na íntegra, somente na forma de tópicos que sinalizam as políticas à comunidade internacional (GÜRSOY, 2018).

A industrialização em defesa turca tem origem no embargo estadunidense sofrido em 1975, após a invasão do Chipre em 1974, que demonstrou tanto a necessidade de modernização das Forças Armadas da Turquia (TSK) quanto incentivou a busca pela autossuficiência em defesa como forma de mitigar o efeito de estrangulamentos externos no fornecimento de produtos e serviços de defesa (KURÇ, 2017; ÖZER, 2017). O embargo limitou o acesso da Turquia aos armamentos provenientes da Guerra da Coreia, conflito no qual o país se engajou para "pagar o preço" de sua aliança à Otan, tendo sido aceita no bloco em 1952. O aviso formal do embargo ocorreu em 1964, com uma carta do presidente estadunidense Lyndon Johnson ao primeiro-ministro da Turquia, İsmet İnönü, manifestando as preocupações dos aliados da Otan caso a União Soviética decidisse envolver-se no conflito.

O embargo escancarou as deficiências existentes para a compra de armamentos básicos e para a preservação da capacidade combatente, visto que o país não possuía os meios para evitar a deterioração do material ou de adquirir produtos mais recentes (BAĞCI; KURÇ, 2017). Mesmo com a mudança de governo nos EUA, o *lobby* greco-americano impediu a retirada do embargo, o qual a Turquia retaliou com o fechamento das instalações militares estadunidenses em seu território, mitigando a posição relativa desses diante da URSS (ÖZER, 2017). A Turquia manteve, entretanto, as relações com a Otan e apoiou a campanha estadunidense na Primeira Guerra do Golfo, percebendo-a como uma oportunidade para a modernização militar das Forças Armadas da Turquia (TAF) e para o empreendimento de programas de aquisição, sobretudo relacionado a aeronaves de reabastecimento aéreo e a sistemas aéreos de alerta antecipado e controle (AWACS) (ERDAĞ, 2020).

O fim da ameaça soviética voltou as questões securitárias da Turquia para seu interior e entorno imediato, como será aprofundado na seção seguinte. A memória do embargo, entretanto, manteve uma percepção de que o país precisaria estar pronto para combater sozinho as ameaças regionais. Se nos anos 1980 as aquisições eram predominantemente de produtos "de prateleira", os anos 1990 estabeleceram as fundações para a indústria de defesa turca. Grande parte desse projeto se desenvolve a partir da Lei n.º 3.238, ratificada pelo parlamento turco em 1985, que prevê que se faça progresso na indústria de defesa e se modernizem as forças armadas turcas (RÉAL-PINTO, 2017). Inicialmente, as estratégias adotadas consistiam em produzir o equipamento domesticamente sempre que possível e importá-lo quando necessário para a modernização interna: se anteriormente as aquisições de prateleira predominaram dada a urgência estratégica, a inserção em projetos de codesenvolvimento e coprodução contribuíram para a entronização de conhecimento e tecnologia na base industrial de defesa da Turquia (BAĞCI; KURÇ, 2017).

Nos anos 2000, as aquisições em defesa turcas passaram a ser constituídas predominantemente por desenvolvimento local, chegando ao ponto de 60% do equipamento em defesa sendo montado domesticamente no ano de 2014 (BAĞCI; KURÇ, 2017). Serão aprofundadas, posteriormente, as condições domésticas para a perpetuação do ímpeto turco para a industrialização em defesa, mas há de se destacar aqui que, no período, (i) a diminuição do auxílio financeiro estadunidense, (ii) a militarização do cenário político e econômico turco e (iii) a marginalização da Turquia em aquisições e transferências de tecnologia pelos parceiros americanos e europeus contribuíram para o incremento no orçamento de defesa turco e para a intensificação do projeto de modernização militar, mesmo em um governo civil (RÉAL-PINTO, 2017).

Apesar de corresponder a um percentual de 2,72% do PIB, o maior dentre os casos aqui avaliados, o valor absoluto de gastos militares na Turquia é o menor dos casos analisados, conforme apresentado na introdução. Esse percentual decorre do fato de a Turquia ter um PIB consideravelmente inferior aos de Brasil e Índia, mas, analisado em perspectiva histórica, denota o crescimento da economia turca, que possibilitou o incremento do valor absoluto e o decréscimo do percentual em relação à renda nacional. Na década de 1990, tal percentual chegou à casa de 4,1%. Há de se destacar também que, apesar do sucesso na produção doméstica, a Turquia se mantém dependente de componentes críticos com maior valor agregado, o que contribui para explicar os altos valores de importação (BAĞCI; KURÇ, 2017; ERDAĞ, 2020). Não se espera, entretanto, que o percentual de gastos militares fique abaixo de 2%, sobretudo em decorrência das obrigações da Turquia para com a Otan e o investimento necessário para se manter na aliança.

Assim como a Índia, a Turquia também se utiliza da diversificação dos fornecedores de forma a combater a dependência de um país em específico, entretanto, isso não impede a permanência de Estados Unidos, aliança histórica, e Alemanha como principais fornecedores (BAĞCI; KURÇ, 2017). No caso turco, entretanto, o prestígio nacional engendrado pela indústria de defesa está presente também no processo de aquisição internacional. A Turquia se utiliza das aquisições militares para retaliar declarações políticas que afrontem o "sentimento nacional" turco (RÉAL-PINTO, 2017). A Figura 7 apresenta os cinco países que constituem os maiores fornecedores de sistemas de armas para a Turquia, em valores indicadores de tendências do SIPRI.

Figura 7 - Principais fornecedores de sistemas de armas para a Turquia (SIPRI TIV – milhões)

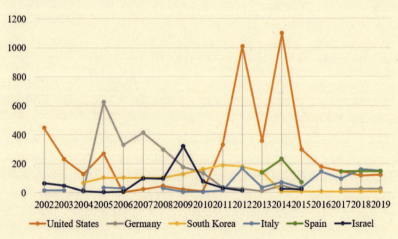

Fonte: elaborada pelo autor com base em SIPRI (2023).

ESTADO E INDÚSTRIA DE DEFESA EM PAÍSES EMERGENTES:
BRASIL, ÍNDIA, TURQUIA E ÁFRICA DO SUL

A intermitência entre fornecedores demonstra o que Kurç (2017, p. 271-272) classifica como "facilidade para encontrar parceiros". Como vantagens de tal característica, o autor pontua (i) diversificação de fontes de conhecimento, (ii) tecnologia militar, (iii) componentes necessários e (iv) capacidade de criação de novos mercados como problemas. Essa característica resulta em uma fraca percepção quanto à necessidade de investimento em P&D. Essa deficiência orçamentária restringe a capacidade de inovação a melhorias incrementais e lança dúvidas sobre a capacidade do país em romper a dependência de componentes críticos que caracteriza sua produção industrial em defesa. Por fim, a permanência da parceria com os Estados Unidos torna o caso turco um exemplo da estratificação da indústria de defesa, visto que o país permanece sem acesso a tecnologias avançadas e sem a capacidade de incrementar qualitativamente os produtos domésticos.

4.2.2 Atuação estatal e institucionalidade

Em um estudo sobre as motivações pela busca de autossuficiência na produção em defesa turca, Bağci e Kurç (2017) tratam da relação dessa para com os contextos político, econômico e militar. Para os autores, a trajetória crescente da indústria de defesa na Turquia, comparada aos sistemas aos quais o país teve acesso antes da intensificação da produção doméstica, leva a uma crença das elites domésticas de que o país pode alcançar a autarquia no futuro. Esse otimismo também se manifesta na adoção de políticas industriais em defesa orientadas à exportação, percebidas como uma maneira de garantir a sobrevivência das firmas sem que essas dependam unicamente do orçamento nacional.

A elite política da Turquia observa a produção doméstica em defesa como uma forma de capitalizar politicamente com sua própria população (BAĞCI; KURÇ, 2017). Bağci e Kurç (2017) retomam o argumento de Bitzinger (2015b) para explicar a persistência do investimento em defesa, mesmo que esse não dê resultados correspondentes aos objetivos de poder, riqueza e prestígio internacional. Se o domínio de capacidades materiais permite a mensuração e comparação entre países, bem como influencia o poder de barganha internacional, o nível doméstico é fundamental para observar quais são as percepções que os Estados emergentes possuem sobre o sucesso de sua própria industrialização em defesa. Argumentos puramente numéricos, como a racionalização entre exportações e importações não são suficientes para explicar os motivos que levam países a permanecer em políticas aparentemente equivocadas.

A participação de firmas estrangeiras é vista somente como uma parte intermediária do processo de obtenção da autossuficiência na produção em defesa. Requisitos de conteúdo produzido localmente também são utilizados como mecanismos para a entronização de conhecimento produtivo. Em suma, a industrialização em defesa na Turquia é feita com base na premissa de incremento das exportações como forma de garantir a sobrevivência das firmas locais e, mesmo que não se exportem sistemas de armas fabricados integralmente na Turquia, o país busca situar-se como um nó estratégico para as cadeias de produção das grandes firmas sediadas em países de vanguarda, garantindo a entrada do país nos mercados mundiais. A Subsecretaria das Indústrias de Defesa (SSM) incentiva a participação das firmas locais em projetos transnacionais, sobretudo para com iniciativas da Otan e da Agência de Defesa Europeia, mesmo diante da forte oposição do Chipre para com a inclusão da Turquia nessa última (BAĞCI; KURÇ, 2017).

Há de se frisar que a República da Turquia foi proclamada em 1923, pelas Forças Armadas que, pela maior parte da história do país, assumiram um papel de guardiãs, que só viria a ser alterado nos anos 2000, quando os civis assumiram formalmente o controle sobre os militares e passaram a ter maior ingerência sobre a agenda de segurança interna. Apesar disso, eventos como a tentativa de golpe em 2016 demonstram que as expectativas de que o controle civil fortaleceria o processo de democratização não se realizaram (GÜRSOY, 2018). O sistema de aquisição de defesa turco também manifestou as disputas existentes nas relações civis-militares: ao passo que o Ministério Nacional da Defesa (MSB) — sob influência das Forças Armadas Turcas (TSK) — buscou sem sucesso estabelecer uma agência para controlar a política industrial de defesa e competir com a SSM, o ramo militar permaneceu encarregado de compras diretas, sob a justificativa de preencher requisitos únicos e específicos na disputa contra o PKK, e o ramo civil, por seu turno, permaneceu em controle da SSM, articulando os projetos conjuntos para desenvolvimento da indústria de defesa. Com a candidatura à União Europeia, em 1999, o controle civil predominou nas aquisições, mas tais dinâmicas não se refletem quando se observa especificamente a indústria de defesa (KURÇ, 2017).

O fortalecimento da base industrial de defesa na Turquia passa por diversas estratégias, dentre elas: (i) utilizar-se de organizações internacionais como plataforma para incrementar a exportação em defesa, (ii) estabelecer acordos de defesa mediante relações intergovernamentais, mesmo que esses se celebrem com países de fora da Otan, a exemplo de Coreia do Sul, Arábia Saudita, Sérvia, Japão e Brasil e (iii) incentivar o fortalecimento das relações interindustriais, o que significa que o governo turco não decide o que as firmas irão produzir, a exemplo de outros casos, mas sim que as firmas têm autonomia para decidir quais parceiros e sistemas podem aprimorar a posição da Turquia nos mercados internacionais de defesa (BAĞCI; KURÇ, 2017). Entretanto, as discrepâncias entre relatórios internos e os bancos de dados do SIPRI e do *World Military Expenditure and Arms Trade* (WMEAT)[54] sugerem que, mesmo que as empresas turcas se beneficiem das exportações mediante subcontratações e vendas para países com baixa ou nenhuma produção em defesa, o setor público não goza dos mesmos benefícios, pois continua dependente de importações e incapaz de criar o excedente em divisas que justifica o investimento na indústria de defesa mediante aquisições domésticas (BAĞCI; KURÇ, 2017).

Apesar do objetivo declarado do presidente Tayyip Erdoğan — cujo partido (AKP – Partido da Justiça e Desenvolvimento[55]) está no poder desde 2002 — de eliminar a dependência estrangeira na

---

[54] Os autores referenciados não concatenam tais ideias, mas a existência de discrepâncias e de dificuldades de acesso e avaliação dos dados de P&D (BAĞCI; KURÇ, 2017) favorecem o argumento de Gürsoy (2018) de que, apesar do estabelecimento do controle formal dos civis sobre os militares, esse não contribuiu para o processo de democratização na Turquia.

[55] O AKP é proveniente de uma ala jovem do *Welfare Party* islâmico (RP), que foi judicialmente fechado em 1997 após vencer as eleições de 1996. A literatura trata desse processo como um "golpe pós-moderno" que demonstrou a permanência do papel de guardião das Forças Armadas na Turquia após o fim da Guerra Fria (GÜRSOY, 2018).

produção industrial em defesa até 2023, centenário de fundação da República da Turquia (HOGG; SEZER, 2015), essa busca e declaração simbólica obscurece problemas estruturais que o país apresenta, os quais Kurç (2017) detalha no artigo *"Between defence autarky and dependency: the dynamics of Turkish defence industrialization".* São eles: (i) baixa capacidade de planejamento e a natureza das relações civis-militares, (ii) busca de cooperação internacional que mitiga a capacidade inovadora endógena e (iii) emulação de capacidades estadunidenses em detrimento daquelas necessárias ao seu contexto securitário e às deficiências industriais que o país enfrenta. Ainda segundo o autor, a industrialização em defesa na Turquia reflete o conteúdo das disputas que permeiam as relações civis-militares, sobretudo pela dominância na tomada de decisão e controle de fabricação, o que mitiga a capacidade de entrega de produtos em um espaço de tempo adequado (KURÇ, 2017).

O AKP utiliza-se da produção industrial em defesa como um meio de evocar o orgulho nacional e apresentar a Turquia como um Estado com crescentes aspirações e recursos de poder correspondentes, conectando as capacidades materiais à busca de um *status* de potência regional que remonte ao Império Otomano. Apesar de não ser o primeiro partido cujo governo teve sucesso na produção industrial de defesa, o AKP utiliza-se desse como prova de sua eficiência. Entretanto, a indústria de defesa passou a ser um ponto central no debate público, suscitando a simpatia de outros partidos como o CHP (Partido Republicano do Povo) e MHP (Partido da Ação Nacionalista) (BAĞCI; KURÇ, 2017). O prestígio doméstico não advém somente da busca por capacidades que correspondam às aspirações turcas no seu entorno estratégico, mas também da busca pela maximização da segurança diante de embargos como o imposto pelos EUA em 1974 após a intervenção no Chipre (GÜRSOY, 2018) e as recentes sanções pela aquisição do sistema de defesa antimísseis Russo S-400.

O ambiente doméstico continua, portanto, dependente da relação entre Turquia e EUA. Kurç (2017) sugere que as investidas turcas para aquisição de sistemas de defesa antimísseis chineses ou russos são uma tentativa de balancear as negociações com os Estados

Unidos e convencê-los a entregar um maior grau de transferência de tecnologia, mas não descarta a hipótese de que possam constituir a manifestação do desejo de diminuir a dependência para com os EUA e os membros da Otan. Adentrar tal discussão tornaria o estudo demasiado conjuntural. A indisponibilidade das fontes primárias também impede que se tracem conjunturas precisas. Apesar do recorrente tensionamento das relações militares entre Turquia e EUA (KURÇ, 2017), a aquisição do S-400 e a remoção da Turquia do programa F-35 tendem a enfraquecer a já baixa capacidade de inovação na indústria de defesa turca.

4.3 INDÚSTRIA DE DEFESA

A presente seção apresenta de forma sucinta o processo de formação, organização e os principais produtos e mercados da indústria de defesa na Turquia. Aplicando o modelo de análise proposto, argumenta-se que a Turquia desempenha um papel de Estado cultivador pela baixa ingerência direta no setor, sinalizando mediante acordos internacionais o incentivo ao setor industrial de defesa, mas tendo baixa capacidade de intervir diretamente no setor, tanto pela presença de somente uma estatal em um setor menos intensivo em tecnologia quanto pelo baixo investimento em P&D. Em consonância com o tipo de indústria de defesa globalizada, argumenta-se que a Turquia evoluiu do tipo *mínima* para *desenvolvida*, mas mantém a dependência do fornecimento de componentes críticos, com a autossuficiência produtiva e comercial só observada em produtos de baixa e média tecnologia.

A indústria de defesa turca volta a ser um instrumento político em um cenário de deterioração das relações com os Estados Unidos, a partir do surgimento de uma burguesia nacional que observou a necessidade de superar a dependência estadunidense no fornecimento de materiais de emprego, dando gênese ao que Réal-Pinto (2017) chama de "turquificação" da indústria de defesa. Para a autora, existe um paradoxo: nas décadas de 1960 e 1970, geralmente tratadas como o período dos Estados desenvolvimentistas, a indústria de defesa turca teve seu caráter privado intensificado, ao passo que no período de 1980 até a década de 2010 — período visto como neoliberal pela abertura comercial e predominância das regras de mercado —, o governo turco adotou uma postura mais assertiva na produção industrial em defesa.

Para exemplificar esse processo, a autora recapitula o surgimento da primeira empresa privada de defesa na Turquia, a Otokar, criada pela *Koç Holding* em 1963 para fornecer veículos blindados às forças terrestres. Concomitantemente, surgem fundações que advogam por doações públicas ao armamento nacional, doações essas que possibilitaram o surgimento de firmas como a ASELSAN, atual maior fornecedora e exportadora de produtos industriais de defesa turcos. Em 1971, com a fundação da Associação Turca de Indústria e Negócios (*Türk Sanayicileri ve İşadamları Derneğ* – TÜSIAD) é que se passa a legitimar a necessidade de possuir uma indústria de defesa forte, reproduzindo a "ansiedade territorial" em um contexto de desconfiança diante do alinhamento da Otan aos interesses turcos (RÉAL-PINTO, 2017).

A partir da década de 1980, o reestabelecimento da relação com os Estados Unidos possibilitou a criação de duas *joint-ventures*: a primeira, *Turkish Aerospace Industries* (TAI), foi estabelecida em 1984 pela TUSAS[56] junto à *General Dynamics* e à *Lockheed*, sendo responsável pela fabricação turca do caça F-16 Falcon. A TAI foi nacionalizada em 2005 e figura desde 2014 na lista das 100 maiores exportadoras de produtos e serviços de defesa elaborada pelo SIPRI. A segunda *joint-venture*, FNSS, foi produto do programa de aquisição de um veículo de infantaria de combate avançado, formada pela parceria entre a antiga FMC (atual *BAE Systems*) e a empresa turca *Nurol Construction and Trading*. Dentre as empresas com sede na Turquia, destacam-se, por setor, a ASELSAN e a MIKES no setor de eletrônicos militares; no setor de baterias, a ASPILSAN; a MKEK[57] no setor de pólvora e munição; a HAVELSAN no setor de *software*; e a ROKETSAN no setor de mísseis (BAĞCI; KURÇ, 2017).

---

[56] Fundada em 1973 com o objetivo de construir aeronaves de combate, mas esteve no centro de disputas políticas entre civis e militares. Para uma descrição mais aprofundada, ver Kurç (2017).

[57] Única empresa com alto volume de negócios que possui caráter estatal, vinculada ao Ministério da Defesa. A MKEK esteve envolvida com o mercado negro durante a Primeira Guerra do Golfo, em um contexto de falta de transparência que afastou da Turquia os parceiros europeus (RÉAL-PINTO, 2017).

O ano de 1987 marcou também o surgimento da Fundação para o Fortalecimento das Forças Armadas Turcas (TSKGV)[58], surgida a partir da fusão de três fundações dedicadas ao exército, à marinha e à aeronáutica da Turquia. A TSKGV é controlada pelas Forças Armadas Turcas, possuindo seis subsidiárias — ASELSAN, TAI, HAVELSAN, ROKETSAN, ISBIR e ASPILSAN — e oito afiliadas, destacando-se no setor de defesa a TEI (parceria entre TAI e General Eletric para produção de motores), NETAS (vinculada ao setor de tecnologias de informação e comunicações) e a Mercedes-Benz Türk (KURÇ, 2017; RÉAL-PINTO, 2017). A TSKGV tem o monopólio no setor de eletrônicos, fuselagem, mísseis e foguetes, podendo compelir as demais empresas do setor a cooperarem e adquirindo conhecimento mediante subcontratação ou condução de P&D, em um cenário que favorece as Forças Armadas na formulação de políticas industriais de defesa (KURÇ, 2017).

O conteúdo da disputa entre as Forças Armadas, no comando da TSKGV, e o governo do AKP é mais uma reflexão da problemática das relações civis-militares da Turquia, mas, como previamente abordado, o prestígio doméstico que a produção de armamentos engendra encoraja a continuidade do investimento em defesa e a promoção da autossuficiência. Apesar de permanecer dependente de componentes críticos, a indústria de defesa turca detém capacidade suficiente para solucionar problemas de logística e manutenção, bem como para entregar produtos confiáveis, mesmo que menos intensivos em tecnologia. Mesmo que o Estado não assuma um papel de liderança e o desenvolvimento da indústria de defesa seja produto de relações entre indústrias, os acordos intergovernamentais e as organizações internacionais permanecem como importantes mecanismos pelos quais as firmas turcas acessam mercados (BAĞCI; KURÇ, 2017; KURÇ, 2017).

As maiores fontes de renda das exportações em defesa turcas dizem respeito a acordos de subcontratação com produtores em países centrais (sobretudo pelas empresas estabelecidas em par-

---

[58] Disponível em: https://www.tskgv.org.tr/en. Acesso em: 8 nov. 2022.

ceria com os EUA) e a vendas para países com baixa ou nenhuma produção industrial em defesa (BAĞCI; KURÇ, 2017). Apesar de um componente cultural, na busca da abertura de mercados em "países irmãos" muçulmanos, sobretudo países do Golfo Pérsico e países que passaram pela Primavera Árabe (RÉAL-PINTO, 2017), a incapacidade de produzir componentes críticos restringe as possibilidades de exportação, sobretudo pela dependência diante de países europeus, que demonstram maior preocupação quanto à finalidade dos armamentos comercializados, a exemplo da venda de mísseis para o Azerbaijão[59] e da transferência de componentes críticos para unidades de potência do *main battle tank* (MBT) Altay junto a Áustria e Alemanha[60] (ÖZER, 2017). Os principais importadores de produtos de defesa turcos podem ser vistos na Figura 8.

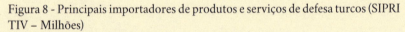

Figura 8 - Principais importadores de produtos e serviços de defesa turcos (SIPRI TIV – Milhões)

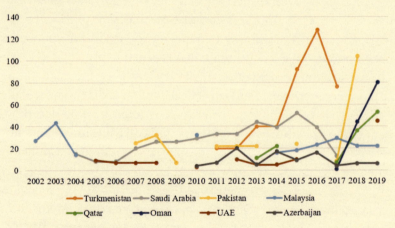

Fonte: elaborada pelo autor com base em SIPRI (2023).

---

[59] Um dos maiores compradores de armamentos provenientes da Turquia, principalmente às vésperas do conflito com a Armênia pela região de Nagorno-Karabakh. Dentre os armamentos fornecidos, estiveram veículos aéreos não tripulados, lançadores múltiplos de foguetes (MRL) e munição (BÉRAUD-SUDREAU *et al.*, 2020).

[60] Manifestando desconfianças quanto à autossuficiência turca e ao emprego dos materiais para repressão de grupos opositores políticos (ÖZER, 2017).

Para Réal-Pinto (2017), o projeto de "turquificação" da indústria de defesa representa uma ponte tanto entre a lógica de mercado e a lógica de afirmação nacional quanto entre o Islã político que deu origem ao AKP e a elite militar turca. O caráter de segredo comercial e militar que a produção industrial em defesa goza permite que a Turquia exalte o progresso militar e o crescimento das exportações, mas o tensionamento das relações civis-militares — manifesto nas disputas políticas internas — e os baixos níveis de P&D, aliados à dependência de componentes críticos lançam dúvidas sobre a capacidade da industrialização em defesa turca em beneficiar a sociedade para além das elites industriais (BAĞCI; KURÇ, 2017). Apesar da ênfase normativa no crescimento das exportações, a indústria de defesa turca é dependente das compras domésticas: somente cerca de ¼ da produção é destinada à exportação (MEVLUTOGLU, 2017) e essa, quando feita para zonas de tensão, como Líbia e Azerbaijão, desperta desconfiança dos fornecedores de componentes críticos (BÉRAUD-SUDREAU *et al.*, 2020).

4.4 CONSIDERAÇÕES PARCIAIS

A presente seção abordou as características dos gastos em defesa turcos, as ameaças com as quais o país precisa lidar, suas instabilidades domésticas e a atuação estatal no fomento à indústria de defesa. Observou-se que a indústria de defesa está vinculada ao prestígio doméstico e, apesar de o país ser integrante da Otan, o histórico de rivalidade com a Grécia limita a capacidade de aquisição junto a fornecedores externos, sobretudo em componentes de maior valor agregado.

Objetivamente, o caso turco é de mais fácil avaliação, dado que o país possui objetivos claros quanto ao que considera "sucesso" na promoção da indústria de defesa, mensurado por uma meta de valor exportado — US$ 25 bilhões — a ser alcançada até 2023 no setor aeroespacial civil e militar[61]. Ademais, apesar da manutenção

---

[61] Meta que não parece crível, dada a exportação de US$ 2,035 bilhões em 2018 (EFSTATHIOU; WALDWYN, 2019).

da dependência tecnológica, o caso da Turquia possui maior clareza na definição de quais mercados devem ser acessados, quais os sistemas — notadamente aeroespaciais — devem ser fornecidos e mediante quais ferramentas o comércio será promovido.

O caso turco está mais próximo do Estado desenvolvimentista, mas apesar da intensa barganha entre o Estado e o setor privado — que amplia o acesso a mercados e promove a produção doméstica —, a disputa política entre as elites e a incapacidade de articular a capacidade de inovação endógena limitam as possibilidades de posicionar o país na vanguarda tecnológica, bem como impedem que esse suba na hierarquia internacional da produção industrial em defesa. Ademais, a baixa transparência nas negociações de sistemas de armas aproxima o complexo militar-industrial turco da captura do orçamento de defesa. Apesar de inclinações desenvolvimentistas do AKP e de possuir um setor industrial forte (YAĞCI, 2017), o desejo de autossuficiência turco só será realizado caso o país incremente a confiança de seus pares na esfera internacional. A síntese da indústria de defesa turca pode ser vista no Quadro 8.

Quadro 8 - Síntese histórica da indústria de defesa na Turquia

	1945-1989	1989-2001	2001-presente
Ameaça percebida	**Regional**	Regional	**Regional**
Tipo de aliança	**Ao hegêmona**	**Ao hegêmona**	Autonomista/ Ao hegêmona
Tipo de Estado	Intermediário	Intermediário	**Intermediário**
Papel do Estado	**Cultivador**	Cultivador	Cultivador
Indústria de defesa	Globalizada mínima	Globalizada mínima	Globalizada desenvolvida

Fonte: o autor.

5

BRASIL: BAIXAS AMEAÇAS E ATUAÇÃO ESTATAL HESITANTE

No ranking do SIPRI das 100 maiores fornecedoras de produtos e serviços de defesa, indicador utilizado para a seleção de casos, o Brasil aparece como um forte candidato a reestruturar sua base industrial de defesa. Incentivada historicamente como um instrumento do desenvolvimento nacional, mas sem a devida transparência sobre os gastos e políticas envolvidas, o país passou por um processo de redemocratização e uma reforma hesitante do setor de defesa, com o estabelecimento de um Ministério da Defesa unificado, mas que ainda guarda resquícios da institucionalidade de autonomia das forças, o que afeta diretamente sua capacidade de agência na execução da política de defesa. A presente seção está dividida em três partes e busca apresentar as características dos gastos militares brasileiros, a influência do ambiente externo de definição das políticas de defesa nacional e as instituições e circunstâncias domésticas que influenciaram na delimitação das estratégias para o desenvolvimento da base industrial de defesa.

5.1 ASPECTOS ESTRUTURAIS: AMEAÇAS E ALINHAMENTO

No caso brasileiro, o investimento militar e na indústria de defesa, tem menor dependência de variáveis estruturais. Os gastos militares da América Latina como região são os menores do mundo, seja em percentual do PIB ou dos gastos governamentais. Apesar desse contexto, a presente seção busca apresentar a trajetória de política externa brasileira, relacionando-a à promoção dos interesses nacionais no âmbito sistêmico. Argumenta-se que o cenário internacional não pode ser descartado da análise, mas deve ser analisado como um provedor de janelas de oportunidade a uma maior participação brasileira no mercado internacional de armamentos, no qual o componente securitário possui caráter predominantemente retórico e abre um maior espaço para a autonomia das indústrias de defesa brasileiras.

Apesar da consolidada literatura sobre a evolução da política externa brasileira, cujos paradigmas apresentados por Cervo e Bueno (2011) refletem a vinculação entre a atuação exterior e a consecução do interesse nacional, retoma-se aqui o argumento de Souza (2012) de que a indústria de defesa passou a ser um componente da política externa brasileira a partir do paradigma desenvolvimentista, observado entre 1930 e 1989. Tal paradigma contribuiu para a autonomia da política externa e vinculou a indústria de defesa a um processo amplo de desenvolvimento que visava substituir importações. Essa vinculação se aprofundou a partir de 1967, com a consolidação do pragmatismo da política externa (CERVO; BUENO, 2011; MORAES, 2021; MAGALHÃES, 2016), que colocou em segundo plano as dinâmicas de segurança coletiva regionais em prol da "nacionalização da segurança", produto da dificuldade de obtenção de tecnologias mediante cooperação internacional e mudança de percepção quanto às intenções dos Estados Unidos[62].

A década de 1970, marcada pela "emergência competitiva tanto da Europa reconstruída quanto do Japão", abriu uma nova janela de oportunidade para o rearranjo das dinâmicas do comércio internacional junto aos produtores de petróleo e às novas economias industrializadas (OLIVEIRA, 2012, p. 131). Esse espaço de oportunidade só poderia ser aproveitado mediante consolidação da estrutura produtiva brasileira, e o investimento na indústria de defesa foi um dos componentes que permitiram a convergência entre objetivos econômicos e estratégicos, notadamente a expansão econômica mediante exportações e o domínio tecnológico. A baixa transparência das decisões políticas, os subsídios e regimes tarifários diferenciados

---

[62] Manifesta na divergência dos interesses estadunidenses e brasileiros, as dinâmicas globais securitárias para o primeiro e o subdesenvolvimento para o segundo (OLIVEIRA, 2012, p. 74).

e a captura de programas de ciência e tecnologia contribuíram para o desenvolvimento industrial em defesa brasileiro (CONCA, 1992).

Mesmo que esse investimento em defesa contrastasse com a tradição pacifista oriunda da diplomacia de Rio Branco, conforme Ávila (2009, p. 296), "[...] as autoridades brasileiras tinham plena consciência do caráter político que envolve a transferência de armamento". Segundo o autor, os incrementos de escala provenientes da exportação poderiam beneficiar a capacidade de fornecimento às Forças Armadas nacionais e aprofundar as relações comerciais e políticas com os importadores. Esse é um ponto importante e que diferencia o Brasil dos demais casos: o ambiente externo não era percebido sob as lentes da competição regional. A autonomia da qual o país gozava permitia o incremento da capacidade industrial em defesa com baixa probabilidade de gerar retaliação ou incentivar corridas armamentistas com os países vizinhos. O guarda-chuva estadunidense durante o período de Guerra Fria assegurava algum grau de alinhamento ideológico entre os países do subcontinente e permitia certa previsibilidade nas relações.

Com o novo momento do mercado internacional de armamentos e a mudança normativa na atuação do Estado brasileiro pós-redemocratização, a integração econômica, a sedimentação das relações pacíficas com a Argentina e a tradição diplomática brasileira — baseada no multilateralismo, legalismo, pacifismo e não intervenção (NETO; MALAMUD, 2018) — alteraram a percepção securitária brasileira. Segundo Fuccille (2006, p. 60):

> Das três hipóteses de guerra que condicionavam o preparo e o emprego militar no Brasil — guerra global, subversiva e regional —, com o colapso do bloco socialista as duas primeiras perderam sua razão de ser. Já a terceira, que historicamente serviu para fundamentar e orientar o poder militar de qualquer país em diferentes épocas, não se sustentaria frente ao processo de globalização/mundialização que coloca a necessidade de os países aglutinarem-se em torno de blocos econômicos — aumentando a

cooperação na esfera da política — a fim de garantirem uma maior competitividade às suas economias.

Apesar da baixa intensidade dos conflitos bélicos no imediato entorno subcontinental brasileiro, o uso da força como instrumento da política tem promovido interesses nacionais e incrementado a legitimidade doméstica (MARES, 2001). O histórico de aproximação entre os países e a percepção de uma região unida pelo subdesenvolvimento, entretanto, impossibilita que se marginalize a possibilidade de estabelecimento de uma comunidade de segurança. A coexistência entre políticas de poder e iniciativas cooperativas bem como a dependência da intensidade da integração regional ao caráter das lideranças[63] governantes em um determinado período explicitam que ainda faltam referenciais teóricos que capturem a complexidade da interação entre os Estados sul-americanos (SEBBEN, 2010).

A questão securitária brasileira parece menos importante que nos demais casos. Se de 1946 a 1985 o estacionamento predominante das tropas em Porto Alegre e no Rio de Janeiro refletia algum grau de polarização regional com a Argentina e os imperativos securitários da Guerra Fria, respectivamente, o período de redemocratização foi marcado pela dispersão militar em oito comandos militares que enfatizam os centros demográficos e industriais do país, mas também intensificaram a presença em regiões afastadas, como a bacia do Rio Amazonas. Na plataforma terrestre, as amaças atualmente percebidas são predominantemente associadas ao crime organizado, separatismo e guerras por procuração. Na plataforma marítima se enfatiza a ameaça de agressão por uma grande potência ou uma coalizão externa ao continente. Mesmo que a probabilidade de isso acontecer seja baixa, a plataforma marítima é securitizada pelo conceito de Amazônia Azul, na qual se localizam as reservas do pré-sal (CEPIK; LICKS BERTOL, 2016).

---

[63] Amorim Neto e Malamud (2018) argumentam que o antagonismo das esquerdas latino-americanas à influência dos Estados Unidos qualifica o alinhamento dos países da região a esse como um indicador adequado quanto à preponderância de fatores domésticos ou sistêmicos na formulação das políticas externas, testando a hipótese com os casos de Brasil, Argentina e México.

A política industrial de defesa brasileira no século XXI esteve, portanto, relacionada à provisão de suporte material às aspirações brasileiras no cenário exterior, dentre elas a reforma do Conselho de Segurança das Nações Unidas, ao qual o país voltou a almejar a partir de 1988 e demonstrou seu comprometimento mediante engajamento em diversas missões de paz sob a égide da organização (AMORIM NETO; MALAMUD, 2018). Esse processo, entretanto, é relutante. Como destaca Sebben (2011), a única política pública institucionalizada para a região é o Artigo 4º da Constituição, que orienta a promoção da integração. Segundo Rodriguez (2012), condições internacionais favoráveis engendram uma resposta na direção do incremento das capacidades materiais e da consolidação da liderança brasileira na região. Ainda segundo o autor:

> A Estratégia Nacional de Defesa revela uma associação entre a política regional e a política de defesa do País. A defesa passa a ingressar na prioridade regional; como exemplos dessa preocupação, pode-se citar a criação da UNASUL e do CDS. A primeira organização visa a promover a cooperação política entre os países da região, enquanto a segunda relaciona-se diretamente com cooperação e coordenação da defesa regional. O incentivo a uma indústria de defesa regional figura dentre os objetivos da END para promoção de vínculos de defesa e de desenvolvimento na região. Enfim, as respostas aos constrangimentos estruturais vão ao encontro de incrementar poder e buscar a segurança do Estado. Assim, ao mesmo tempo em que existem oportunidades oriundas da redistribuição de capacidades, surgem desafios importantes que ainda estão longe de serem solucionados. (RODRIGUEZ, 2012, p. 82)

Apesar da baixa ameaça estatal no caso brasileiro, a região segue marcada por tensões, sobretudo em países como Colômbia, Equador, Venezuela, Bolívia e Chile. Dada sua geografia avantajada, o Brasil tentou assumir um papel de liderança e integrar o Cone Sul com o arco andino mediante a criação do Conselho de Defesa Sul-Americano, objetivando a cooperação militar, humanitária, industrial, tecnológica e de capacitação combatente. Entretanto, a persistência das tensões fronteiriças e a incapacidade de construir consensos que alicerçassem o caráter intergovernamental da organização mitigaram as possibilidades de sucesso desse (PAGLIARI, 2018). As questões de segurança interna e representatividade governamental, aliadas ao abandono brasileiro do projeto de integração regional em defesa dificultam a avaliação da postura brasileira e os impactos dessa para a indústria de defesa nacional.

5.2 AMBIENTE DOMÉSTICO: CARÁTER E PAPEL DO ESTADO

Esta seção apresenta as condicionantes domésticas para a indústria de defesa no caso brasileiro, expondo o perfil dos gastos militares e os padrões de atuação estatal. Destaca-se aqui, para além da ênfase em gastos com pessoal, o condicionamento das parcerias brasileiras às aquisições como meio de obtenção de tecnologias e a alta variação na atuação estatal na promoção da indústria de defesa, o que revela a dependência do setor para com momentos políticos oportunos e a condiciona a janelas de oportunidade, a exemplo das aquisições brasileiras em defesa.

5.2.1 Tendências em gastos militares

O caso brasileiro constitui uma exceção ao perfil dos gastos militares, visto que o processo de democratização não contribuiu para a diminuição dos gastos e sim para sua expansão. O incremento absoluto e relativo do orçamento militar brasileiro é um indício tanto da fragilidade das relações civis-militares quanto da continuidade das Forças Armadas como atores políticos relevantes em decorrência de uma transição democrática negociada, que legou aos militares um status de benfeitores nacionais e "[...] prerrogativas políticas extraordinárias, que as mantêm como um dos atores políticos centrais, com grande poder informal, sobretudo em momentos de crise política" (ARTURI, 2001, p. 12). Os mecanismos institucionais que permitiram tal expansão estão vinculados, sobretudo, à capacidade de construir uma estratégia retórica baseada na persistência de uma ameaça à democracia (ZAVERUCHA; CUNHA REZENDE, 2009).

Existe, na definição do orçamento de defesa brasileiro, uma variável oculta, referente ao caráter opcional da implementação do orçamento aprovado. Isso significa que o executivo não necessita de despender o que foi aprovado pelo legislativo e garante autonomia para a negociação com atores individuais. Ademais, diferentemente dos demais ministérios cujas requisições orçamentárias estão submissas a vetos de congressistas, o Ministério da Defesa negocia diretamente com a presidência da república, garantindo o controle da agenda orçamentária. Mesmo com a implementação do Portal da Transparência, em 2004, os dados quanto à execução do orçamento de defesa são de difícil escrutínio (BRUSTOLIN, 2009). O caráter conservador de uma parcela dos congressistas contribui para a manutenção do estigma de "vigilantes da democracia" atribuído aos militares e torna tal barganha um instrumento para manutenção do equilíbrio político doméstico (ZAVERUCHA; CUNHA REZENDE, 2009).

Dentre as principais características dos gastos militares brasileiros, observa-se: (i) uma inconstância quanto ao orçamento disponível, relacionada à dependência brasileira do cenário econômico estrutural, que mitiga a capacidade do cumprimento de contratos mediante atrasos e alterações na quantidade de unidades entregues (LOPES DA SILVA, 2019); (ii) um perfil de gastos que enfatiza as despesas com pessoal — na ordem de 70% — em detrimento do investimento em aquisições; e (iii) a defasagem institucional e tecnológica das forças armadas, manifestas pela baixa integração entre as forças e a manutenção de sistemas obsoletos (FERREIRA DA SILVA, 2015). O primeiro fator, apesar de ser o mais mencionado como a causa dos problemas no processo de aquisição, é também um sintoma da incapacidade do Ministério da Defesa em planejar e executar as aquisições de forma contínua, para além das janelas de oportunidade existentes no curto prazo (FERREIRA DA SILVA, 2015).

O condicionamento das aquisições às janelas de oportunidade enfraquece também a capacidade de coordenação de políticas de *offset*. Essas são utilizadas pelo Brasil desde a década de 1950, sobretudo na aquisição de aeronaves, e são regulamentadas pelo Art. 3º, § 11, da Lei n. 8.666 e § 6º art. 26 da Lei n. 14.133, que dispõe sobre as compras governamentais, e pelo artigo 4º da Portaria Normativa nº 764, que atribui aos comandantes das forças a efetiva implementação dessas políticas. A obtenção de tecnologias mediante acordos de *offset* também é enfatizada nos documentos de defesa, tendo em vista a reorganização da base industrial de defesa. A adoção de tais políticas, entretanto, depende de um acordo entre os governos compradores e vendedores, dado o caráter sensível da tecnologia envolvida, a submissão dos usos dessa a um contexto estratégico específico e a convergência de expectativas de custos e prazos (BRUSTOLIN; OLIVEIRA; SENNA, 2016). Os principais fornecedores de armamentos para o Brasil podem ser vistos na Figura 9.

Figura 9 - Principais fornecedores de sistemas de armas para o Brasil (SIPRI TIV – milhões)

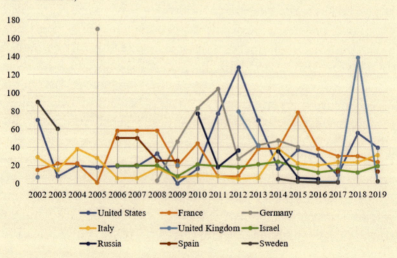

Fonte: elaborada pelo autor com base em SIPRI (2023).

ESTADO E INDÚSTRIA DE DEFESA EM PAÍSES EMERGENTES:
BRASIL, ÍNDIA, TURQUIA E ÁFRICA DO SUL

As parcerias com França, Suécia e Itália são facilmente identificáveis como parte dos projetos estratégicos conduzidos pelas forças armadas no âmbito do Plano de Articulação e Equipamento de Defesa (Paed)[64]. São desses países que provêm os insumos para a consecução do PROSUB, FX-2 e Guarani, respectivamente os programas de aquisição de submarinos, aeronaves de combate e veículos blindados junto às companhias DCNS — Naval Group, Saab e Iveco. A continuidade da participação britânica está vinculada sobretudo ao papel da BAE *Systems* como integradora de materiais do Exército e da Marinha, bem como participante do desenvolvimento do projeto estratégico do cargueiro KC-390. Abordando superficialmente os demais fornecedores, a participação alemã corresponde sobretudo ao blindado Leopard 1A5 e à formalização da aquisição das Fragatas Classe Tamandaré; a interação com Israel diz respeito tanto à participação no programa FX-2 quanto ao negligenciado programa de veículos aéreos não tripulados (VANTs) da Força Aérea brasileira; e a interação com a Espanha relaciona-se à aquisição de simuladores de combate para o Exército juntamente à empresa Tecnobit.

O Paed, mesmo tentando suprir a demanda de modernização das capacidades de defesa brasileiras, apresentou determinados problemas que colocam em xeque sua capacidade de execução: primeiro, a natureza descentralizada do processo de aquisições não dialoga com a abordagem de planejamento baseada em capacidades, visto que não estabelece mecanismos transversais de coordenação entre as forças; segundo, foi elaborado sem clareza sobre os custos, prazos e abrangência dos projetos; e, terceiro, foi concebido com ausência de previsões orçamentárias, com um valor global que corresponderia anualmente ao dobro do investimento registrado no ano de 2012 (FERREIRA DA SILVA, 2015). Nesse contexto, a falta de previsi-

---

[64] Idealizado como plano para recompor as capacidades operacionais das FFAA e contribuir na busca pela autonomia tecnológica e consolidação da indústria de defesa nacional. O Paed foi apresentado no Capítulo 5 do *Livro Branco De Defesa Nacional* de 2012, elencando os 23 projetos estratégicos definidos pelas Forças e a estimativa de R$ 501 bilhões em investimentos (a preços de 2015) a serem realizados de 2012 a 2031 (AMORIM, 2012; MORCEIRO; TESSARIN, 2020).

bilidade colocou o programa muito mais como um projeto a ser legitimado politicamente do que como um indicador da capacidade de compra do país. Nas palavras de Ferreira (2020, p. 212):

> Apesar dos avanços trazidos pelo PAED, particularmente no que tange à sistematização e à transparência das informações, os valores contabilizados nesse documento estavam muito acima do orçamento que vinha sendo alocado até aquela data. Isto pode ser explicado pela perspectiva subjacente ao plano de que os recursos orçamentários destinados aos investimentos continuariam mantendo sua trajetória ascendente. Não obstante, o ano de 2012 foi o ápice da trajetória de crescimento dos investimentos militares durante o período analisado [...] constata-se que, mesmo que os investimentos militares acompanhassem até 2030 a excepcional taxa de crescimento observada no período 2004–2012, estes ainda estariam abaixo dos investimentos projetados pelo PAED. Em resumo, o PAED estava assentado sobre uma projeção econômica excessivamente otimista, sendo assim, um plano irrealista.

Ainda segundo Ferreira (2020, p. 212), "[...] [a] expansão dos investimentos militares começou a se reverter a partir de 2013, reduzindo-se de maneira contínua até 2016 com um pequeno acréscimo no ano de 2017". A estagnação do crescimento brasileiro atingiu em cheio o ímpeto e a capacidade do país em alcançar os objetivos propostos nos documentos de defesa. Com a promulgação da Emenda Constitucional n.º 95, a PEC do teto de gastos, o contingenciamento de recursos aconteceu sem a centralização do Ministério da Defesa, ficando a caráter das forças individuais: a Marinha enfatizou o Programa de Submarinos e condicionou-se a uma lógica de compras de oportunidade; a Aeronáutica abriu mão do programa de veículos aéreos não tripulados em prol da redução de custos operacionais que possibilitasse a incorporação dos projetos KC-390 e Gripen NG à doutrina; o Exército enfatizou a sobrevivência do Sisfron em detrimento da defesa antiaérea e da defesa de estruturas terrestres (FERREIRA, 2020).

Ademais, a atual crise financeira e o teto de gastos constitucionalmente promulgado causaram uma alteração da postura do país. Mesmo não tendo afetado a definição dos programas estratégicos, a restrição orçamentária levou o país a abrir mão da autonomia produtiva para enfatizar o acesso ao conhecimento, deixando que a indústria priorize os setores consolidados e que as aquisições contribuam ao desenvolvimento nacional mediante preferência de compra a firmas que produzam 25% dos sistemas no Brasil. As tendências contemporâneas apontam uma adoção relutante à estratégia de integração nas cadeias globais de valor (FRANKO; HERZ, 2018). Observando os esforços de maneira ampla, o Brasil se mantém em um baixo patamar de gastos relativos ao PIB diante dos vizinhos da América do Sul e com uma distribuição de dotações desfavorável ao incremento das capacidades materiais (MATOS; FINGOLO; SCHNEIDER, 2017).

5.2.2 Atuação estatal e institucionalidade

A primeira fase da indústria de defesa brasileira data de 1762 a 1889 e se convencionou chamar de "ciclo dos arsenais", enfatizando a produção de munições e armas de forma a promover apoio logístico. Foi nesse período, em 1808, que surgiu a Fábrica Real de Pólvora que posteriormente seria integrada à estatal Imbel. A partir da Proclamação da República, em 1889, a modernização do Exército e da Marinha passou a ser prioridade, inicialmente pela importação de armamentos e capacitação da estrutura doméstica para manutenção. Esse esforço modernizador sofreria um hiato entre o fim da Primeira Guerra Mundial e a ascensão de Getúlio Vargas ao poder, vinculando o projeto industrializador[65] ao ímpeto de incremento das capacidades nacionais para defesa e contenção das disputas internas. O segundo período ficou conhecido como "ciclo das fábricas militares", notadamente, nas fábricas de Itajubá, Juiz de Fora, Bonsucesso, de material de comunicações e nas Forjas Taurus (ANDRADE *et al.*, 2016).

---

[65] Projeto cuja ênfase na indústria de base seria fundamental para a posterior produção de equipamentos pesados como canhões e blindados.

O período entre 1940 e 1964 foi de proximidade brasileira com as grandes potências. A participação na Segunda Guerra Mundial possibilitou a importação de armamentos modernos e diminuiu a ênfase na produção doméstica. Entretanto, foi nesse período que surgiram o Centro Técnico Aeroespacial (CTA) e o Instituto Tecnológico Aeroespacial, a esse vinculados o Instituto de Pesquisas da Marinha (IPqM), o Centro Tecnológico do Exército (CTEx) e o Instituto Militar de Engenharia (IME). A criação da ESG em 1949 também contribuiu para a capacitação de pessoal e a vinculação direta entre defesa e desenvolvimento para o sucesso internacional do Brasil. Com o golpe militar de 1964, essa ideia tomou os contornos da formação de um complexo militar-industrial capaz de aproveitar a indústria pesada e o capital humano que o país era então capaz de produzir (ANDRADE *et al.*, 2016).

O desenvolvimento do setor industrial de defesa brasileiro durante o regime militar é marcado por duas características: (i) a ênfase na capacidade de inovação doméstica e (ii) a forte influência dos militares no processo decisório, que descolaram o desenvolvimento da indústria de defesa dos setores irmãos no meio civil e desenharam políticas de aquisição e designação de pessoal que favorecessem a influência das forças armadas (CONCA, 1992). Além dessas características, o mercado externo favorável — tanto pela expansão da demanda como pela menor intensidade tecnológica necessitada — e algumas condições internas (estabilidade orçamentária, garantia do mercado doméstico, incentivo à exportação e protecionismo às firmas) contribuíram para o fortalecimento da base industrial de defesa brasileira (ANDRADE *et al.*, 2016; CONCA, 1992). No período da bipolaridade, portanto, o Brasil assumiu os papéis de maior envolvimento estatal, notadamente parteiro e demiurgo, orientando a indústria de defesa como parte de um projeto desenvolvimentista

Há de se frisar, entretanto, que a promoção das exportações foi um processo *bottom-up*: a expansão da participação brasileira no mercado internacional de armamentos foi um processo contestado pelos pacifistas do Ministério das Relações Exteriores (MRE), que

ESTADO E INDÚSTRIA DE DEFESA EM PAÍSES EMERGENTES:
BRASIL, ÍNDIA, TURQUIA E ÁFRICA DO SUL

contrastaram o desejo por prestígio internacional e pela entrada de divisas no país. A participação do MRE, entretanto, era necessária para garantir proteção diplomática e estabelecimento de redes de negociação. O ímpeto pela exportação partiu das empresas, notadamente Engesa e Avibrás, de forma a expandir os mercados para além da limitada demanda brasileira. O país também observou a oportunidade de aprofundar relações com países do Oriente Médio e norte da África, garantindo os fluxos de petróleo necessários à segurança energética do país, e verificou a postura terceiro-mundista, amplificando o discurso de soberania nacional, o pragmatismo da inserção internacional e a diversificação das relações comerciais e políticas (MORAES, 2021).

Com a redemocratização, o pequeno mercado nacional e a reorganização do modelo de inserção internacional contribuíram para acentuar o declínio da indústria de defesa. Nos anos de Collor e Itamar, o Brasil ainda sofria a ressaca dos anos de ditadura, marcada pela indefinição sobre o papel das Forças Armadas, que mantiveram constitucionalmente o papel de garantidoras da lei e da ordem e a tutela de seus programas tecnológicos e industriais (CONCA, 1992). Os militares continuaram participando da política em escalões mais baixos do governo e em posições de comando em agências reguladoras e estatais (FUCCILLE, 2006). Ademais, o distanciamento da sociedade civil das questões de defesa é retroalimentado pela baixa percepção de ameaças e pelo histórico de resolução diplomática de conflitos (CEPIK; LICKS BERTOL, 2016). Esse momento unipolar foi marcado pela atuação estatal como reguladora.

A agenda da defesa só voltou ao debate político mediante publicação da Política de Defesa Nacional (PDN), de 1996, que, segundo Fuccille (2006, p. 91), reforçou "a justificação técnica e política da existência de um Ministério da Defesa", mesmo que de forma genérica. O movimento tomou corpo de acordo com a cronologia apresentada por Ferreira da Silva (2015), que demarca o processo de renovação do interesse na política industrial de defesa brasileira em cinco momentos: (i) 1999, com a criação do Ministério da Defesa (MD), que buscava promover a centralização decisória e a convergência entre as três forças; (ii) 2005, com a publicação da primeira Política Nacional da Indústria de Defesa; (iii) 2008, com o lançamento da primeira Estratégia Nacional de Defesa; (iv) 2011, com a criação da Secretaria de Produtos de Defesa (Seprod), vinculada ao MD; e (v) 2012, com a publicação do *Livro Branco De Defesa Nacional* (LBDN), que continha o Plano de Articulação e Equipamento de Defesa (Paed).

A ascensão do governo Lula em 2002 aconteceu com bons olhos dos militares (MAGALHÃES, 2016), dadas as propostas do plano de governo em revitalizar as forças armadas mediante modernização e investimento. Com uma série de debates públicos nos anos de 2003 e 2004, o governo constituiu uma "rede de revitalização" entre o setor público e privado que culminou na Política Nacional da Indústria de Defesa (PNID). A PNID enfatizava a necessidade de legitimar o investimento na BID diante da sociedade, diminuir a dependência externa e a carga tributária do setor, aprimorar as aquisições brasileiras, os produtos nacionais a competitividade e a mobilização industrial. Dentre as ações previstas estavam requerimentos de conteúdo nacional e *offset* nas aquisições, incremento da competitividade mediante tributação especial, institucionalização dos gastos militares e capacitação das empresas estratégicas (MAGALHÃES, 2016).

A Estratégia Nacional de Defesa, de 2008, foi marcada por três eixos estruturantes: o cumprimento do papel constitucional das Forças Armadas, a reorganização da indústria de defesa e a composição dos efetivos das Forças Armadas (BRASIL, 2008). Foi na END que se definiram os três setores prioritários — nuclear, cibernético e espacial — que guiariam a busca brasileira por autonomia tecnológica. A END seria revista e incorporada ao *Livro Branco De Defesa Nacional*, publicado em 2012 e considerando o processo de transformação das Forças Armadas como incentivo ao desenvolvimento de capacidades autônomas e à participação das indústrias brasileiras. O Paed foi parte do LBDN e delimitou os projetos prioritários pelos quais se buscariam as capacidades relativas aos setores estratégicos elencados na END (ANDRADE *et al.*, 2016; BRASIL, 2012).

Ainda em 2012, foi assinada a Lei n.º 12.598, que instituiu o Regime Especial Tributário para a Indústria de Defesa (Retid) e definiu os conceitos de produtos de defesa (Prode), produtos estratégicos de defesa (PED) e sistemas de defesa. As políticas industriais — como a Política de Desenvolvimento Produtivo, de 2008, e seu sucessor, o Plano Brasil Maior, de 2011 — e de C&T — como a Estratégia Nacional de Ciência, Tecnologia e Inovação (Encti) — vinculavam o setor de defesa a uma estratégia ampla de desenvolvimento, inscrita em um contexto mais amplo de provisão de serviços sociais e infraestrutura (ANDRADE *et al.*, 2016; CEPIK; LICKS BERTOL, 2016), do qual o desenvolvimento industrial é uma faceta. Ferreira (2020) pontua que, apesar do incremento quantitativo e qualitativo da BID brasileira ter sido motivado pelo aumento dos investimentos nacionais em defesa e pelo estabelecimento de projetos estratégicos que direcionaram as estruturas de P&D, a capacidade produtiva que o país logrou é produto também da trajetória da indústria nacional como um todo, que acumulou *know-how* pelas décadas anteriores.

O atual momento demonstra a negligência brasileira quanto à formulação das políticas de defesa e segurança. Tal cenário implica enfraquecimento dos controles civis sobre os militares e o incremento da influência desses na burocracia estatal e na sociedade, decorrendo da incapacidade de operacionalizar as instituições de coordenação, sobretudo o Ministério da Defesa, e da delegação de funções secundárias às forças armadas (LIMA; SILVA; RUDZIT, 2021). A nível da indústria de defesa, o cenário implica dificuldades em delimitar a função social da base industrial em defesa e a viabilidade da vinculação dessa ao discurso de desenvolvimento. No LBDN de 2020, há uma forte carga normativa acerca do papel desempenhado pela base industrial de defesa, mas a definição sobre os meios utilizados para o fortalecimento dessa ainda é vaga, gravitando em torno dos projetos estratégicos das três forças, sem menções à exportação de produtos fora desse escopo.

5.3 INDÚSTRIA DE DEFESA

A era de ouro da indústria de defesa brasileira, tratada pela literatura como o período dos anos 1970 e 1980, foi caracterizada pela tecnologia nacional e sinergia entre Estado, estrutura de P&D e setor privado. O incentivo à produção industrial em defesa foi motivado pelas seguintes conjunturas: (i) necessidade de se tornar menos dependente de fabricantes e fornecedores estrangeiros de sistemas de armas; (ii) percepção de oportunidade para utilização das exportações em defesa como instrumento de influência sob América Latina, Oriente Médio e África; (iii) diversificação dos mercados e da pauta exportadora; (iv) equilíbrio da balança comercial com países exportadores de petróleo, como o Iraque; e (v) engendrar suporte para o regime militar. Nesse período, o Brasil exportou materiais de defesa para mais de quarenta países e atingiu a posição de quinto maior exportador de produtos e serviços de defesa (GOUVEA, 2018).

Apesar do sigilo que envolve a base industrial de defesa à época do regime militar, estima-se que, na segunda metade dos anos 1980, 150 indústrias eram parte da BID e, dessas, 50 tinham sua atividade principal vinculada ao setor militar. Entre empregos diretos e indiretos em produção e P&D, estima-se o número de 60 mil. Três conglomerados formavam 95% das exportações em defesa, a saber: Engesa (privada), Avibrás (privada) e Embraer (capital misto). A primeira veio à falência em 1993, sobretudo pela contração dos mercados do Oriente Médio e pelo alto valor investido no desenvolvimento do MBT Osório, cujas encomendas não se concretizaram conforme previsto. A segunda foi criada por egressos do ITA, que, com financiamento iraquiano, desenvolveu o sistema de lançadores de múltiplos foguetes Astros II, que foi vendido para Iraque, Arábia Saudita e Catar. A terceira surgiu para produção do avião Bandeirante, mas foi a grande beneficiária de programas de transferência de tecnologia das aquisições aeronáuticas brasileiras e é até hoje o maior expoente da expertise brasileira na produção em defesa (ANDRADE *et al.*, 2016).

ESTADO E INDÚSTRIA DE DEFESA EM PAÍSES EMERGENTES:
BRASIL, ÍNDIA, TURQUIA E ÁFRICA DO SUL

Nos anos 1990, com o fim da Guerra Fria e a consequente diminuição do mercado mundial de defesa, as grandes empresas dos países de vanguarda atuaram para consolidar suas posições e garantir seus mercados. Nesse contexto, a indústria brasileira, que precisava de um salto de complexidade em TIC e tecnologia missilística, viu-se refém de embargos de transferência de tecnologia pelos países desenvolvidos — sobretudo como forma de pressionar o país a assinar o Tratado de Não Proliferação Nuclear — e sua competitividade decaiu. Ademais, diferentemente do caso sul-africano, no qual as empresas tiveram algum grau de direcionamento nos esforços de conversão e diversificação, grande parte das firmas brasileiras aderiu a uma estratégia de "matar ou morrer" que se provaria fracassada e resultaria na privatização da Embraer e na falência da Engesa (GOUVEA, 2018). Segundo Andrade e coautores (2016, p. 20),

> [...] o início dos anos 1990 marcaria um período turbulento para a empresa em função da redução global de gastos militares e do fracasso de uma iniciativa junto à Argentina. Com isso, em 1994, a Embraer seria privatizada. Após a privatização, a empresa passou a atuar mais fortemente no setor de aviação civil, tendo conseguido superar a crise dos anos 1990 e desenvolver novos projetos de sucesso comercial.

A Embraer demanda mais atenção por estar no ranking das top 100 empresas de produtos e serviços de defesa do SIPRI. Com o sucesso no setor civil de aviação comercial e executiva, a Embraer pôde capitalizar tais plataformas para o desenvolvimento de aviões de vigilância eletrônica e do lançamento em 1995 do Super Tucano, avião turbo hélice de treinamento e ataque leve que correspondeu a 67% das exportações militares do Brasil de 2006 a 2010 (ANDRADE *et al.*, 2016). O protagonismo da empresa no projeto do cargueiro KC-390 e a parceria com a sueca Saab na fabricação do caça Gripen NG também contribuíram para a consolidação da Embraer Defesa e Segurança, que se tornou um conglomerado do setor aeroespacial, especializado na integração de sistemas (FERREIRA, 2020). Os principais destinos das exportações em defesa brasileiras podem ser vistos na Figura 10.

Figura 10 - Principais importadores de produtos e serviços de defesa brasileiros (SIPRI TIV – milhões)

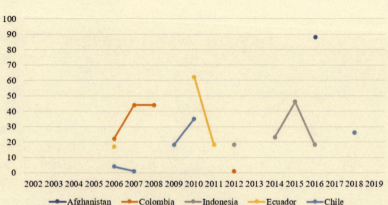

Fonte: elaborada pelo autor com base em SIPRI (2023).

A rede de subsidiárias da Embraer tem demonstrado o potencial de empresas de médio e pequeno porte operando com sucesso em setores de nicho, a exemplo da Akaer, empresa de aeroestruturas que trabalha com a Avibrás, Pratt & Whitney, Boeing, Helibras e Elbit (que adquiriu as empresas brasileiras AEL e Ares, da área de sistemas eletrônicos) e da Atech, da área de controle de tráfego aéreo e C4ISR (FRANKO; HERZ, 2018). A aproximação entre Boeing e Embraer, ventilada desde 2017, daria origem a duas *joint-ventures*, uma de natureza civil e outra de natureza militar. Segundo a Boeing, a Embraer não teria cumprido plenamente as condições do contrato, mas há de se atentar aos prejuízos que a americana sofreu em decorrência dos problemas de confiabilidade de seus produtos. Permanece, entretanto, um contrato de comercialização e manutenção do projeto KC-390, rebatizado de C-390 Millenium (CORRÁ, 2020; NASCIMENTO, 2020).

Argumenta-se que o Brasil assumiu, no século XXI, um papel de cultivador da indústria de defesa, dados os incentivos a empresas como Odebrecht Defesa & Tecnologia, Andrade Gutierrez Segurança & Defesa, OAS Defesa e Queiroz Galvão para a entrada no setor de defesa e segurança. Tais empresas foram criadas a partir das

ESTADO E INDÚSTRIA DE DEFESA EM PAÍSES EMERGENTES: BRASIL, ÍNDIA, TURQUIA E ÁFRICA DO SUL

"quatro irmãs" empreiteiras que concentraram as obras nacionais e estabeleceram parcerias com as companhias francesas DCNS e Thales, a israelense Rafael e a estadunidense Northrop, respectivamente (GOUVEA, 2018). Entretanto, a instabilidade orçamentária e a incerteza quanto à demanda nacional por produtos de defesa mitigaram o ambiente de previsibilidade que assentaria a consolidação da produção brasileira em defesa. As denúncias de corrupção apresentam-se como um entrave à consolidação dos programas estratégicos e ao fortalecimento das firmas (ANDRADE *et al.*, 2016).

Ainda sobre o papel assumido pelo Estado brasileiro, a estrutura atual da indústria de defesa compreende quatro categorias: (i) as empresas estatais, responsáveis pelo desenvolvimento de tecnologias de vanguarda e altos custos fixos, a exemplo da Emgepron e da Amazul, que estão diretamente envolvidas no projeto do submarino nuclear brasileiro; (ii) as empresas privadas com capital nacional, dentre elas Embraer[66], Avibrás, Odebrecht Defesa & Tecnologia, Taurus e Agrale; (iii) firmas de capital predominantemente estrangeiro, como Iveco, Helibras (parte do grupo Airbus), Turbomeca, Daimler-Chrysler, Saab, KMW e Iveco, participantes de projetos estratégicos mediante acordos de *offset* (LOPES DA SILVA, 2019, p. 488); e (iv) empresas com produtos de interesse à área de defesa mas não associadas à Abimde, Aiab[67] ou outras associações do setor (MELO, 2015).

Gouvea (2018) identifica os seguintes desafios para o futuro da indústria de defesa brasileira: (i) atrasos em programas e projetos decorrentes do escrutínio e diminuição do orçamento de defesa; (ii) ascensão de novos competidores no mercado internacional e intensificação dos esforços de Rússia e China para ocupação desse; (iii) necessidade de renovar o ímpeto pela produção intensiva em inovação, sob o risco de marginalizar a produção local; (iv) adequar a estratégia nacional ao novo cenário de participação das firmas

---

[66] Sobre a Embraer, a empresa apresenta bons prognósticos com a reestruturação levada a cabo após a dissolução do acordo com a Boeing, com incremento nas entregas e receitas, diminuição dos custos produtivos e incremento da participação do setor de defesa (D'AVILA, 2021; FONTES, 2021).

[67] Associação das Indústrias Aeroespaciais Brasileiras.

locais em cadeias produtivas de multinacionais; (v) encorajar setores consolidados a adentrarem no mercado de defesa; (vi) lidar com as acusações de corrupção nas grandes empreiteiras e as consequências dessas para a imagem dos produtos brasileiros no mercado internacional; (vii) aumentar a especialização produtiva das empresas domésticas; (viii) aperfeiçoar a política de aquisições; e (ix) criar canais diplomáticos e financeiros que facilitem a abertura de mercados para os produtos brasileiros.

5.4 CONSIDERAÇÕES PARCIAIS

Este capítulo versou sobre o caráter das aquisições em defesa brasileiras, a inconsistência na abordagem do ambiente securitário regional e a volatilidade da atuação estatal. Diferentemente dos demais casos que possuíram ameaças claramente delimitadas para o incentivo à indústria de defesa, o caso brasileiro teve, em seu auge, uma abordagem *bottom-up* para a promoção do setor, de forma que a autoridade governamental respondeu a demandas de uma classe empresarial e gozou, por um período considerável, de um espaço de manobra no mercado internacional de defesa, fornecendo uma ampla gama de produtos a consumidores não tradicionais, em um esforço que diversificou as parcerias internacionais brasileiras. Entretanto, da mesma forma que se beneficiou de um momento positivo, o país sofreu quando as condições internacionais enrijeceram e mudou drasticamente o caráter da atuação estatal.

Essa reorganização da atuação estatal levou à falência uma das maiores indústrias de defesa nacionais, a Engesa, e à privatização da maior empresa, Embraer, cuja estratégia de sobrevivência foi orientada pela inserção mercadológica e pela restrição à participação no mercado de defesa. Tal cenário só viria a ser modificado mediante a renovação do ímpeto nacional pela diversificação dos meios de participação na política internacional. A "rede de revitalização" concatenou interesses do Estado, do setor privado e o debate constante com as forças da sociedade civil, materializados em documentos de defesa que continuam sendo atualizados e balizam as decisões das

ESTADO E INDÚSTRIA DE DEFESA EM PAÍSES EMERGENTES:
BRASIL, ÍNDIA, TURQUIA E ÁFRICA DO SUL

forças. Entretanto, os escândalos de corrupção contribuíram para a postura hesitante do Estado no setor de defesa. A baixa transparência na definição do orçamento — sobretudo em um país que apregoa a austeridade — e a ambiguidade dos documentos de defesa não contribuem para a legitimação de uma atuação mais assertiva. No Quadro 9, está organizada a evolução da indústria de defesa brasileira.

Quadro 9 - Síntese histórica da indústria de defesa no Brasil

	1945-1989	1989-2001	2001-presente
Ameaça percebida	Regional	Baixa	Baixa
Tipo de aliança	Ao hegêmona	Ao hegêmona	Autonomista/ Ao hegêmona
Tipo de Estado	**Desenvolvimentista**	Intermediário	Intermediário
Papel do Estado	Demiurgo/ Parteiro	**Regulador**	**Cultivador**
Indústria de defesa	Globalizada desenvolvida	Globalizada mínima	Globalizada mínima

Fonte: o autor.

6

ÁFRICA DO SUL: DA MOBILIZAÇÃO ESTATAL DOMÉSTICA AO PROTAGONISMO DO SETOR PRIVADO

O caso da África do Sul é marcado pela saída da estatal Denel do ranking do SIPRI das 100 maiores fornecedoras de produtos e serviços em defesa. Entretanto, isso não significa que o país perdeu sua expertise na fabricação de sistemas de armas. A presente seção apresenta de forma sucinta o desenvolvimento histórico da base industrial de defesa sul-africana, enfatizando a relação dessa com a manutenção do Apartheid e os esforços de conversão e diversificação empreendidos pelas empresas após esse. Ademais, é descrito o panorama atual da base industrial de defesa sul-africana, enfatizando os principais parceiros, a retração do mercado doméstico e a gradual diminuição da ingerência estatal. A seção está dividida em três partes, apresentando o caráter dos gastos militares, a evolução do ambiente securitário e as mudanças na política doméstica, respectivamente.

6.1 ASPECTOS ESTRUTURAIS: AMEAÇAS E ALINHAMENTO

As variações nos gastos militares sul-africanos são explicadas tanto por componentes internos como por componentes sistêmicos. Inicialmente, com o estabelecimento da União Sul-Africana em 1910, as principais preocupações securitárias do território, sob domínio britânico, gravitaram em torno de ameaças internas e revoltas esporádicas (BATCHELOR; DUNNE; LAMB, 2002). Esse período colonial foi marcado pela manutenção da prevalência de investimento britânico, mas com direcionamento político cargo dos habitantes locais, com um projeto colonialista dual, marcado tanto pela expansão da influência sul-africana no contexto regional quanto pela reprodução das estruturas territoriais e de governo delegadas pelo colonialismo britânico (CASTELLANO DA SILVA, 2017).

Para além dos componentes econômicos, a dinâmica social de segregação racial permeou a colonização britânica. A elite política branca excluiu a população negra de postos de trabalho qualificados e fundamentou o conservadorismo na sociedade. Com a ascensão do Partido Nacional, em 1948, marcada pela escalada das medidas repressivas até a implementação formal do Apartheid na década de 1960, veio a retroalimentação do ideal securitário conservador, condicionando a estabilidade sul-africana à sobrevivência do regime branco (BATCHELOR; DUNNE; LAMB, 2002; CASTELLANO DA SILVA, 2017). Apesar da predominância das ameaças domésticas, o período pré-Apartheid foi marcado pelas contribuições sul-africanas à mobilização das duas Grandes Guerras, ao lado dos britânicos, esforço que demandou um rearmamento ao qual se credita o incremento dos gastos militares sul-africanos no período.

Castellano da Silva (2017) enfatiza que o processo de descolonização pôs em xeque a ordem securitária da África Austral: as independências do Congo e da Zâmbia comprometeram o fornecimento de minérios que alicerçavam as redes comerciais; as independências de Tanzânia, Zâmbia, Botsuana, Angola e Moçambique tiveram um forte caráter de libertação nacional e combate ao domínio branco, escalando para a confrontação armada e incentivando os processos de armamento nacional. Esses processos, datados da década de 1960, fomentaram a percepção de ameaça pela África do Sul, que utilizou tanto meios econômicos quanto o emprego da força para garantir o domínio sobre a região. Após o primeiro embargo das Nações Unidas, sofrido pela África do Sul em 1963, é que surge a Corporação de Desenvolvimento e Produção de Armamentos (ARMSCOR). Estabelecida em 1968, a ARMSCOR foi uma resposta à escassez de fornecedores e a materialização da busca sul-africana pela autonomia na produção industrial em defesa (BATCHELOR; DUNNE; LAMB, 2002).

ESTADO E INDÚSTRIA DE DEFESA EM PAÍSES EMERGENTES:
BRASIL, ÍNDIA, TURQUIA E ÁFRICA DO SUL

O vácuo de poder deixado por Reino Unido e Bélgica no processo de descolonização deixou o entorno estratégico da África do Sul vulnerável à penetração das superpotências da Guerra Fria, EUA e URSS. Durante a descolonização, os territórios africanos não possuíam grande valia para as superpotências, que se utilizaram da soberania jurídica como mecanismo para eximir-se de intervir na consolidação estatal africana e minimizar os riscos dos investimentos (CLAPHAM, 1996). Entretanto, as elites políticas africanas conseguiram, de alguma forma, capitalizar as transferências militares, econômicas e os demais influxos oriundos das superpotências. O desconhecimento das superpotências quanto às dinâmicas dos movimentos de libertação nacional também retardou a agência externa. Somente a partir da vinculação da ameaça comunista às insurreições locais é que os EUA passaram a agir de forma mais assertiva e aliaram-se tacitamente à África do Sul, em uma defesa ideológica dos objetivos ocidentais (CASTELLANO DA SILVA, 2017).

A natureza excludente da competição entre as superpotências dificultou o estabelecimento de políticas de não alinhamento por parte dos Estados africanos, sobretudo em um contexto de recursos dedicados e compromissos a serem honrados (CLAPHAM, 1996). A URSS, historicamente desengajada do continente africano, constituiu uma alternativa para o rompimento das relações tradicionais com o Ocidente que embasaram o colonialismo e mantiveram a dependência dos novos Estados africanos. Para a URSS, os Estados africanos eram uma chance de escoar o excedente de produção doméstica, sobretudo armamentos: a URSS soube aproveitar-se dos movimentos nacionalistas em Angola, Moçambique e Guiné-Bissau, que necessitavam de armamentos — impossíveis de serem obtidos junto a membros da Otan — para combater o domínio português (CLAPHAM, 1996). Não somente armamentos, a histórica presença cubana vinculada ao discurso anticolonial, observada sobretudo no caso de Angola, foi uma facilitadora para que o país recebesse treinamento, armamento, auxílio financeiro e logístico junto aos soviéticos (HATZKY, 2015).

A produção em massa dos soviéticos e o rápido descarte de materiais desatualizados possibilitaram a países do terceiro mundo o acesso a armamentos baratos e que conferiam vantagens nos conflitos locais, tanto pela facilidade de manuseio por exércitos menos profissionalizados e movimentos de libertação nacional, quanto pela sua maior robustez, que as tornavam mais adequadas para o teatro africano. Outro fator considerável na predileção dos Estados africanos pelos armamentos soviéticos era a velocidade de entrega, uma vez que as alternativas ocidentais precisavam ser produzidas sob encomenda e demandariam um tempo do qual os regimes nem sempre dispunham (CLAPHAM, 1996). Há de se dizer, entretanto, que a incapacidade dos Estados aliados aos soviéticos de superar as divisões internas e centralizar a tomada de decisões contribuiu para que a guerra se mantivesse a nível de contrainsurgência e de baixa intensidade; do contrário, teriam sido escancaradas as dificuldades sul-africanas pela falta de aeronaves, blindados e mísseis (BRZOSKA, 1991).

O fato de as superpotências interpretarem as dinâmicas de conflito do continente africano como uma reprodução das disputas da Guerra Fria gerou uma escalada das tensões na região: "[c]omo consequência, a penetração extrarregional incrementou a intensidade do conflito regional, afetando no incremento da polarização e no fluxo de dinheiro, armas, equipamentos, tropas e assessores militares" (CASTELLANO DA SILVA, 2017, p. 163). O incremento de 218% nos gastos militares entre 1984 e 1988 era legitimado pela construção retórica pelo Apartheid, de que havia ameaça de um "massacre revolucionário" comandado pela URSS contra a África do Sul (ROGERSON, 1990, p. 244). Com o posicionamento público norte-americano e do CSNU contra o Apartheid, a África do Sul intensificou a postura de desestabilização regional, aproveitando-se da dependência infraestrutural e econômica no subcontinente e ampliando a presença militar em Moçambique, Angola e Zimbábue, que reagiram apoiando movimentos sul-africanos antiapartheid (CASTELLANO DA SILVA, 2017).

A transição política na África do Sul, vinculada ao fracasso do avanço militar contra Estados vizinhos, a crise econômica e a consequente implosão do Apartheid somaram-se ao fim da Guerra

Fria como conjunturas que marcaram a mitigação das instabilidades securitárias no subcontinente (BATCHELOR; DUNNE; LAMB, 2002). Mesmo antes da ascensão de Gorbachev, o suporte soviético a países africanos já se mostrava demasiadamente custoso tendo em vista a melhora das relações soviéticas com o Ocidente (CLAPHAM, 1996). O apaziguamento do subcontinente da África Austral veio aliado a medidas de desarmamento e desmobilização em um momento que, segundo Castellano da Silva (2017, p. 184):

> [...] representou o processo de transição e acomodação de um sistema regional conflitivo para um baseado na cooperação. Houve a acomodação de forças opostas em um ambiente despolarizado. A abertura política na África do Sul criou condições para a redução do nível de conflito [...]. A transição interna iniciada na África do Sul carregava um elemento também significativo para a ordem regional, na medida em que a mudança da política externa sul-africana envolvia a tentativa de controle da transformação da ordem regional. Buscava-se um ambiente cooperativo que assegurasse os princípios da convivência mútua, mas que não ameaçasse sua posição de dominância e suas vantagens dentro do sistema. O controle firme da transição da ordem regional marcou os primeiros anos da década de 1990. A lógica central do conflito transitou para instabilidades internas dos Estados. Em Angola, Moçambique e África do Sul lutas civis e distúrbios foram as principais preocupações dos regimes.

No âmbito militar, o marco da transição sul-africana foi 1996, ano em que o *Defence Review* sul-africano delimitou as mudanças a serem empreendidas nas Forças Armadas Nacionais da África do Sul (SANDF), que em 1998 se consolidaram em um reconhecimento da inexistência de ameaças militares ao país no curto ou médio prazo. Entretanto, a transição contemplou também a obsolescência dos materiais de emprego militar sul-africanos e a necessidade de reaparelhar as forças, culminando no Pacote Estratégico de Defesa (SDP) (DUNNE; LAMB; NIKOLAIDOU, 2019), com novas demandas para as forças armadas fundadas em uma nova ideia sobre o papel dessas. Segundo Castellano da Silva (2017), a ordem predominantemente liberal existente no subcontinente se manifestou na utilização da segurança humana como elemento legitimador das reformas militares do século XXI e do direcionamento das SANDF para tarefas de pacificação e estabilização de conflitos armados no continente africano.

6.2 AMBIENTE DOMÉSTICO: CARÁTER E PAPEL DO ESTADO

Esta seção apresenta as variações na atuação estatal sul-africana, diretamente influenciadas pelas alterações no contexto securitário regional, mas também pela transição de regime doméstico e pela deterioração do cenário econômico. Dado o cenário externo de embargos, o Estado sul-africano foi muito menos atuante nas políticas de aquisição, mas teve papel central na sobrevivência do setor após o fim do Apartheid e das reformas concomitantes ao novo regime. Mesmo com o sucesso das reformas institucionais promovidas, fica evidente a gradual diminuição da ingerência estatal na promoção do setor industrial de defesa diante da instabilidade política e econômica no país.

6.2.1 Tendências em gastos militares

Os gastos militares da África do Sul apresentam variações consideráveis ao longo da história do país. Dos anos 1960 ao início da década de 1990, o fardo dos gastos militares era componente fundamental da manutenção do regime do Apartheid. Como será aprofundado na seção posterior, tanto a oposição interna e externa ao regime quanto o envolvimento da África do Sul em Angola e Moçambique geraram gastos militares na ordem de 5% do PIB sul-africano (DUNNE; LAMB; NIKOLAIDOU, 2019). O processo de militarização da sociedade sul-africana envolveu, além do incremento nos gastos militares, o desenvolvimento de uma indústria de defesa doméstica e o incremento quantitativo e qualitativo das relações entre Estado, militares e indústria (BATCHELOR, 1998).

Segundo Peter Batchelor (1998), a indústria de defesa sul--africana surge em segredo como uma ferramenta para facilitação das guerras de desestabilização regionais e da manutenção do Apartheid. Ainda conforme o autor, cerca de 130 bilhões de rands sul-africanos foram gastos com defesa durante o regime e, mesmo após a transição democrática, manteve-se a legitimação da indústria de defesa como instrumento para criação de empregos e renda. Batchelor apresenta uma visão bastante negativa da indústria de defesa sul-africana, criticando a ideia do direito à autodefesa sul--africana com base na inexistência histórica de uma violação da soberania nacional. A indústria de defesa também é vista como um instrumento de má alocação de recursos humanos e financeiros que poderiam contribuir para o desenvolvimento da África do Sul. Segundo Rogerson (1990), entre 1961 e 1966, os gastos em defesa cresceram 500%; no início da década de 1970, o acréscimo anual ultrapassou os 30%; e ao fim da década estava acima dos 20%. Durante os anos 1980, estima-se que o gasto militar anual correspondia a 20% dos gastos do governo.

Diferentemente dos casos de Índia e Turquia, que sofreram embargos diretos dos Estados Unidos durante determinados períodos da Guerra Fria, a África do Sul sofreu uma sanção compulsória das Nações Unidas, com base no artigo 47, presente no Capítulo VII da *Carta da ONU*. Entretanto, dado o interesse do bloco ocidental com a contenção da presença soviética e cubana na África Austral, os mecanismos de fiscalização e adimplemento do embargo eram frágeis. Ao não mencionar termos técnicos específicos, deixaram a cargo dos demais Estados, em sua individualidade, a decisão de quais itens estariam submetidos aos termos do embargo. Tais restrições soltas, delimitadas na Resolução n.º 418 das Nações Unidas, não impediram que a África do Sul tivesse acesso a tecnologias que possibilitassem o desenvolvimento e a aquisição de armamentos. O cerco ao armamentismo sul-africano só seria fechado em 1986, com a Resolução n.º 591, que estendia os termos do embargo, com aceite dos membros do Conselho de Segurança, àqueles com maior capacidade de fornecimento (BRZOSKA, 1991).

Antes mesmo do embargo compulsório de 1977, a África do Sul já havia sofrido um embargo de adesão voluntária por parte das Nações Unidas, em 1963. Dentre os dois principais efeitos desse, estiveram (i) a mudança de fornecedores tradicionais e (ii) a composição das importações. O primeiro diz respeito ao fim das compras junto à Grã-Bretanha — que também está relacionada à saída da África do Sul da Comunidade Britânica de Nações — em prol de uma aproximação com França, Itália e posteriormente Israel. O segundo corresponde à substituição de importações de sistemas de armas para a importação de licenças de produção, componentes e serviços. Para além dos novos fornecedores, as compras incluíam em alguma medida a Alemanha Ocidental, Bélgica, Grã-Bretanha e Estados Unidos, aproveitando-se dos termos vagos da Resolução n.º 181, relativa ao embargo voluntário (BRZOSKA, 1991).

O período entre os embargos das Nações Unidas deixou algum espaço de manobra para a consolidação da base industrial de defesa sul-africana e para a adequação das relações com os países fornecedores de armamentos. Para além de algum grau de industrialização e da experiência em produção de armamentos — obtida mediante inclusão nos esforços britânicos para a Segunda Guerra Mundial, na qual o país produziu morteiros, peças de artilharia, blindados, rádios e munição —, a África do Sul utilizou-se de acordos ilícitos e de compras de equipamentos sob a égide do uso dual. Ademais, as firmas que deixaram o país o fizeram com base em grupos de pressão antiapartheid, não por medo do embargo, mantendo as plantas em bom estado e garantindo relações de consultoria para a produção sul-africana (TERRILL, 1984).

O embargo também não interrompeu outras formas de cooperação com os grandes *players* do mercado: a França distinguiu claramente os armamentos produzidos em seu solo e os armamentos produzidos na África do Sul sob licença prévia ao embargo de empresas privadas francesas. Apesar de não entregar submarinos e corvetas, esse arranjo eximiu o governo francês de responsabilidade e garantiu a produção sul-africana do caça Mirage F1. A Itália seguiu diretrizes semelhantes com as aeronaves de combate leve e de treinamento,

Impala I e II (TERRILL, 1984). O crescimento da máquina de guerra do Apartheid já foi consideravelmente analisado pela literatura, que demonstra que, mesmo possuindo um alto grau de autossuficiência, a indústria de defesa sul-africana especializou-se na remodelagem e na atualização de material licenciado, com reduzida produção de equipamentos domesticamente desenvolvidos (ROGERSON, 1990). Após o Apartheid, tanto a literatura sobre importações militares sul-africanas quanto os dados de registro sobre essas escasseiam. Em matéria de aquisições junto a fornecedores estrangeiros, a Figura 11 evidencia o baixo investimento sul-africano.

Figura 11 - Principais fornecedores de sistemas de armas para a África do Sul (SIPRI TIV – milhões)

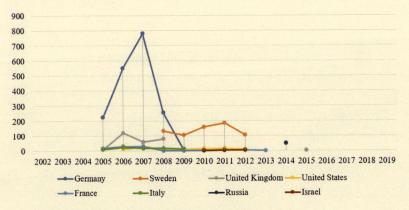

Fonte: elaborada pelo autor com base em SIPRI (2023).

De 1989 a 1996, os gastos militares decaíram cerca de 9% ao ano, mediante um processo de reestruturação das forças armadas sul-africanas (BATCHELOR; DUNNE; SAAL, 2000). A lógica de aquisição passou a privilegiar fornecedores estrangeiros, mas mantendo orientação às políticas de *offset*, de forma a salvaguardar benefícios para garantir a sobrevivência das partes competitivas da indústria de defesa sul-africana. As compras realizadas foram predominantemente de capital e, em sua maioria, partes de iniciativas amplas de companhias europeias para incrementar o comércio com a África do Sul. Apesar de algum benefício com as políticas de *offset*, a indústria de defesa é vista como predominantemente corrupta — mediante escândalos de *lobby*, propina e tráfico de influência em casos que envolveram até mesmo a família do ex-presidente Jacob Zuma (DUNNE; LAMB; NIKOLAIDOU, 2019).

6.2.2 Atuação estatal e institucionalidade

Se a década de 1950 foi marcada pela dependência das importações britânicas, a saída da Comunidade Britânica de Nações em 1961 e o embargo voluntário imposto pelas Nações Unidas em 1963 marcam a necessidade de a África do Sul voltar-se para a busca de autossuficiência em defesa e enfatizar aquisições que fortalecessem a autossuficiência doméstica. O *Armaments Production Board*, estabelecido em 1964, apropriou-se de estruturas produtivas e passou a coordenar a produção junto ao setor privado. Em 1968, o quadro foi encarregado também das aquisições sul-africanas e da maximização de resultados no setor privado. Com a criação da *Armaments Development and Production Corporation* (ARMSCOR), no mesmo ano, o Estado sul-africano passou a interferir diretamente em empresas privadas, apropriando-se de unidades de manufatura e estabelecendo laboratórios de P&D (BATCHELOR, 1998).

Em 1967, o governo sul-africano explorou modelos de produção e aquisição de armamentos em países europeus, em pesquisas realizadas pelo então Ministro da Defesa, P. W. Botha, na França e em Portugal (BATCHELOR; DUNNE, 1998). O governo optou pelo modelo francês, dada a simbiose entre setor privado e governo, de forma a gradualmente hierarquizar a estrutura capaz de suprir as demandas das Forças Armadas da África do Sul (SADF) (ROGERSON, 1990). Em 1973 foi estabelecido o *Defence Advisory Board* (DAC), com a finalidade de gerenciar a participação privada na produção industrial em defesa. Em 1976, já às vésperas do embargo imposto pelas Nações Unidas, a África do Sul unificou o quadro de produção de armamentos e a ARMSCOR, mantendo o mesmo nome da última, que agora passou a chamar-se Corporação de Armamentos da África do Sul e assumiu a

ESTADO E INDÚSTRIA DE DEFESA EM PAÍSES EMERGENTES:
BRASIL, ÍNDIA, TURQUIA E ÁFRICA DO SUL

responsabilidade pela aquisição e produção de sistemas de armas para a SADF em um contexto de restrição de fornecedores (BATCHELOR; DUNNE, 1998). De todos os casos analisados, a África do Sul foi o único que efetivamente concretizou um complexo militar-industrial mediante intersecções da ARMSCOR com a indústria local (ROGERSON, 1990).

A ARMSCOR funcionou com uma lógica de subsidiárias estatais — estabelecidas ou controladas — e com empresas privadas subcontratadas. A contraparte privada foi a responsável direta por cerca de 70% da produção militar, com importância crescente após o embargo de 1977 e assumindo posições de comando na ARMSCOR, em uma porta-giratória[68] incentivada pelo governo sul-africano. Mesmo com as críticas domésticas ao regime de Apartheid, a busca de lucro do setor privado o fez conivente com a política securitária do governo sul-africano. Apesar da dificuldade em estimar o impacto da produção industrial em defesa, argumenta-se que cerca de 8% da força de trabalho industrial sul-africana esteve empregada na rede de subcontratação da ARMSCOR, que por sua vez limitava a produção das empresas públicas a 40% de sua capacidade (ROGERSON, 1990).

A Estratégia Total, para a defesa do Apartheid diante das independências de Moçambique e Angola, em 1975, moldou a política externa desde 1978 até o fim do regime. A estratégia, segundo o *Livro Branco De Defesa* de 1977, deveria abranger a proteção das instituições estatais, privadas, diplomáticas, comerciais, industriais e aquelas vitais à autossuficiência sul-africana, a exemplo da ARMS-COR. Para obter êxito, havia a necessidade de superar determinadas clivagens dentro da elite governante e promover o consenso entre três grandes grupos: os grandes empresários, o Partido Nacional e os militares. A Estratégia Total requeria a diminuição da resistência ao Apartheid, o fortalecimento militar[69], o apoio aos grupos

---

[68] O termo *porta-giratória* é uma tradução livre do conceito de *revolving door*, caracterizado pela circulação (e ocupação de postos) do pessoal de alto nível hierárquico entre diferentes organizações no setor público e privado em prol de interesses corporativos (BRUNTON, 1991).

[69] Nesse aspecto, a competição entre militares e o setor privado dizia respeito sobretudo à mão de obra: a mão de obra branca, um recurso relativamente escasso, deveria tanto passar pelo processo de conscrição quanto assumir posições de liderança na produção industrial. Esse imbróglio seria sanado por P. W. Botha com a criação do *Defense Advisory Council*, em 1973, permitindo a negociação entre líderes militares da indústria (CAWTHRA, 1986).

empresariais e uma política externa assertiva. P. W. Botha, que se tornou primeiro-ministro em 1978, tentou estabelecer relações mais próximas com o setor civil como um todo, mas não obteve o mesmo sucesso fora da produção industrial em defesa (HANLON, 1986).

Pode-se dizer que o período entre os embargos de 1963 e 1977 deu à África do Sul a capacidade de produzir domesticamente os sistemas necessários à manutenção de sua política externa regional, chegando a um tipo de indústria de defesa autóctone desenvolvida capaz de garantir sua autossuficiência mesmo em um cenário de restrição de fornecedores. O investimento necessário para a produção militar, entretanto, possuiu um alto custo de oportunidade, que culminou em uma ineficiência alocativa que contribuiu para os problemas econômicos que se manifestaram a partir da década de 1980, notadamente o incremento dos custos fixos, o excesso de capacidades e o declínio da demanda doméstica. Apesar de o período ter visto um incremento no valor das exportações em defesa sul-africanas, as despesas com propaganda, P&D e subsídios ainda eram preenchidas por recursos sul-africanos (BATCHELOR; DUNNE, 1998; BATCHELOR; DUNNE; SAAL, 2000).

Com o fim do Apartheid e a ascensão do partido Congresso Nacional Africano (ANC) ao governo nacional, em 1994, a política externa da África do Sul passou a advogar pelo emprego de força de forma não violenta e pelo reconhecimento do país como uma potência regional. O desarmamento concomitante a tais transformações impactou na dimensão, na hierarquia e no desempenho da produção industrial em defesa sul-africana. Sem uma diretriz clara para os esforços de conversão e racionalização, as firmas, que outrora garantiram a autossuficiência militar do governo sul-africano, adotaram estratégias difusas que infligiram prejuízos tangíveis e intangíveis à estrutura produtiva do país, notadamente falências e desemprego. Entretanto, mesmo com esse contexto de enfraquecimento e perda de coesão, a ARMSCOR manteve algum grau de influência política mediante coordenação da indústria de defesa, permissões de exportação, gerenciamento de materiais excedentes e promoção dos produtos sul-africanos no mercado internacional (AMBROS, 2017; BATCHELOR, 1998).

Tal manutenção das estruturas de poder do Apartheid foi alvo da contestação popular. Segundo Ambros (2017), a indefinição do governo quanto ao papel da indústria de defesa fomentou debates sobre a manutenção dessa como instrumento de garantia da segurança regional e sobre a capacidade das forças combatentes contra aqueles que defendiam a completa reconversão da indústria de defesa e a mobilização do seu aparato produtivo em prol de aplicações civis. Esse contexto de incerteza só seria alterado com a reestruturação e comercialização das empresas públicas de defesa como parte do Pacote Estratégico de Defesa (SDP) e a publicação do *Livro Branco Para Indústrias De Defesa sul-africanas*, ambos de 1999. As mudanças que permearam a política de defesa sul-africana compreenderam: (i) transformação das Forças Armadas em um novo corpo, que representasse a diversidade do país[70]; (ii) uma nova postura ativa na defesa regional e nas relações civis-militares[71]; e (iii) a racionalização dos gastos em defesa (LE ROUX, 2003).

O governo sul-africano segue empenhado no suporte à indústria de defesa, sob a retórica da necessidade de posse de capacidades estratégicas[72] e da manutenção da independência estratégica. Esses objetivos se manifestam também na busca por mercados lucrativos e na promoção dos sistemas de armamentos sul-africanos. Tais responsabilidades ficam a cargo da ARMSCOR, que realiza a intersecção entre os setores público e privado, o processo de aquisição e o gerenciamento de propriedade intelectual (AMBROS, 2017). Entretanto, as frequentes acusações de corrupção — sobretudo com a família indiana Gupta — e a não publicação de atualizações do SADR desde 2015 — documento considerado um luxo que o atual momento econômico da África do Sul não permite custear

---

[70] Marcado pela transição das Forças Armadas da África do Sul (SADF) para as Forças Armadas Nacionais da África do Sul (SANDF).

[71] Sobretudo pela constitucionalização do papel das SANDF e pelo estabelecimento do controle democrático.

[72] Comando e controle, guerra eletrônica e de informação, comunicações seguras, TIC incluindo fusão de dados, inteligência, sistemas autônomos, mísseis, visão noturna, veículos táticos, minas, artilharia, defesa de armas químicas/biológicas/radiológicas, cuidado médico, modelagem e simulação (SOUTH AFRICA, 2015).

(MARTIN, 2018) — lançam dúvidas sobre a permanência do investimento militar e sobre a capacidade do governo da África do Sul em continuar promovendo a inserção de sua indústria de defesa (DUNNE; LAMB; NIKOLAIDOU, 2019).

6.3 INDÚSTRIA DE DEFESA

Diferentemente dos casos de Índia e Brasil, nos quais o Estado cumpriu o papel de demiurgo, a África do Sul já dispunha de capacidade industrial instalada com algum grau de expertise na produção industrial em defesa. A infraestrutura legada do esforço da Segunda Guerra Mundial foi reconvertida em produção civil imediatamente após o fim do conflito, mas esteve à disposição a partir do embargo voluntário de 1963 e da criação do quadro de produção de armamentos em 1964. O interesse do capital privado na lucrativa produção em defesa foi correspondido pela necessidade governamental de garantir a autossuficiência das SADF em um contexto de embargo, tendo a ARMSCOR assumido tanto o monopólio quanto o monopsônio da produção em defesa sul-africana. Diferentemente do caso indiano, que buscava evitar a ascensão de um complexo militar-industrial, a África do Sul enfatizou o compromisso de manter a liberdade da iniciativa privada, mesmo com a intensificação das relações Estado/indústria no setor militar (CAWTHRA, 1986).

Como já apresentado previamente, o papel da África do Sul como promotora das exportações em defesa só foi intensificado a partir da década de 1980, quando a deterioração do cenário macroeconômico doméstico forçou as empresas a procurarem fontes de receitas em mercados externos, gerando um incremento da ordem de 300% no valor exportado entre 1982 e 1989 (BATCHELOR; DUNNE, 1998). Com o slogan "nascidos da necessidade, testados sob o fogo", a partir de 1982, a ARMSCOR passou a investir na exportação de armamentos. Entretanto, tendo em vista as sanções voluntárias impostas pela ONU em 1984, implementadas para interromper as exportações de armamentos sul-africanos (ROGERSON, 1990), os principais destinos das exportações sul-africanas eram "Estados párias" como Israel, Taiwan e Irã, privados do comércio internacional de armamentos (BATCHELOR; DUNNE, 1998; HANLON, 1986; ROGERSON, 1990).

Com a mudança no cenário político, os cortes de gastos militares foram acompanhados por um esforço de racionalização e reestruturação da indústria de defesa. Projetos de sistemas de armas foram cancelados ou adiados, equipamentos redundantes, obsoletos ou excedentes foram vendidos ou destruídos e as indústrias públicas passaram por um processo de transformação para enfatizar a produção voltada ao setor civil. O valor produzido em armamentos, incluindo a exportação, que de alguma forma compensou o encolhimento do mercado interno, decaiu cerca de 40% entre 1989 e 1995. Tal queda também resultou em uma perda de empregos, que não foi compensada pelo setor civil, nem por uma estratégia do governo que utilizasse o valor economizado em medidas de incentivo ao emprego (BATCHELOR, 1998).

Em 1992, sob a égide do Ministério das Empresas Públicas, surge a Denel, empresa estatal que aparece no ranking das 100 maiores produtoras de bens e serviços de defesa do SIPRI até o ano de 2005. Herdando grande parte das instalações de produção e de pesquisa, bem como cerca de 15 mil funcionários da antiga ARMSCOR, a Denel teve a missão de reestruturar as subsidiárias da ARMSCOR em subsidiárias que correspondessem a cinco grupos industriais voltados para sistemas específicos: sistemas, manufatura, aeroespacial, informática e serviços de engenharia. Inicialmente, o principal desafio da Denel foi lidar com o declínio do mercado doméstico e a falta de um direcionamento político claro. Para tanto, a postura adotada envolveu a reestruturação das subsidiárias mediante estratégias defensivas de diversificação ou conversão (AMBROS, 2017; BATCHELOR, 1998).

As estratégias de diversificação foram perseguidas por todas as subsidiárias sob a forma de *joint-ventures* e alianças/aquisições de ou com empresas domésticas e estrangeiras do setor civil, a exemplo do que aconteceu com a *Lyttleton Engineering Works* (armas leves), Somchem e Simera. Outra estratégia de diversificação aconteceu via *spin-off*, com a utilização da infraestrutura de P&D aliada à inteligência mercadológica tendo em vista os mercados civis, a exemplo de Kentron, Eloptro, Musgrave, PMP e Naschem. O sucesso nas estratégias de diversificação gerou um incremento de 40% nas vendas civis entre 1992 e 1995, concomitante a um decréscimo de 20% no setor de defesa. Contudo, os esforços de conversão completa para a produção comercial e abandono do mercado de defesa não se provaram atrativos para as empresas[73]. A conversão é cara e requer quantias consideráveis de capital; no caso da indústria de defesa, requer coordenação juntamente a uma estratégia ampla elaborada com base nos setores a serem incentivados (ABRAHAMS, 2001; BATCHELOR, 1998).

A falta de coordenação é refletida no processo de separação entre ARMSCOR e Denel. Da mesma forma que o Estado sul-africano manteve algum grau de liberdade para a iniciativa privada durante as décadas de 1960 e 1970, a Denel tentou integrar verticalmente as maiores contratadas, Reunert, Grintek e Altech, ocasionando uma concentração de mercado pela incapacidade de pequenas e médias empresas de competirem pelos contratos[74]. Tal concentração, monopolização de mercados, aquisição ou *joint-ventures* com outras empresas do setor de defesa constituíram as estratégias ofensivas dos grandes *players* da produção industrial em defesa sul-africana. A expertise das grandes empresas privadas também facilitou a consolidação de parcerias com multinacionais (BATCHELOR, 1998). A separação entre ARMSCOR e Denel é descrita por Ambros (2017, p. 138) da seguinte forma:

> Embora os mecanismos de formulação e coordenação das políticas industriais de defesa não sejam tão claros, a importância da ARMSCOR e da Denel

---

[73] Empresas como a Houwteq, que buscaram converter a produção missilística em tecnológicas de sensoriamento civil, foram à falência por não conseguirem encontrar um parceiro comercial e por realizarem esforços contraproducentes em relação aos do governo sul-africano, que buscava ingressar no Regime de Controle da Tecnologia Missilística (MCTR) (ABRAHAMS, 2001; BATCHELOR, 1998).

[74] Algumas pequenas e médias empresas, como Milkor e Northbend, que forneciam produtos de nicho, conseguiram compensar o encolhimento de sua participação no mercado doméstico mediante exportações.

na relação entre o governo e indústria de defesa e na implementação de políticas é evidente. A ARMSCOR, como agência de aquisição, funciona como a linha de frente do Ministério da Defesa na interface com o setor industrial, enquanto a Denel, sendo a maior empresa de defesa da África do Sul e ativo público para a segurança nacional, é utilizada como instrumento para a promoção da indústria de defesa local.

No ano de 1999, com a aprovação do Pacote Estratégico de Defesa (SDP), o governo sul-africano passou a conciliar a estratégia de aquisição com o desejo de fortalecer as indústrias domésticas que participassem do setor de defesa. A aquisição de quatro corvetas, três submarinos, 28 aeronaves de combate Gripen, 24 aeronaves de treinamento Hawk e 30 helicópteros leves (AMBROS, 2017) seria realizada mediante acordos de participação da indústria de defesa, a serem gerenciados pela ARMSCOR, e de participação da indústria nacional, a serem gerenciados pelo Ministério de Comércio e Indústria (DTI). Apesar de não ter funcionado a contento para a Denel, com denúncias de corrupção e parcerias que não se consolidaram (a exemplo de Saab e BAE *Systems*), as empresas privadas, sobretudo os grandes *players* do setor aeroespacial, conseguiram se beneficiar da inclusão nas cadeias de fornecimento das empresas europeias.

À exceção do ano de 2001, a Denel registrou prejuízos em todos os anos, de 1998 a 2011, em uma tendência que se acelerou a partir de 2006. Os baixos lucros e a obsolescência de seus ativos geraram uma fragmentação da companhia (*Denel Aerostructures, Aviation, Dynamics, Land Systems, Vehicle Systems, LMT Holdings SOC, Overberg e Pretoria Metal Pressings*). O atual modelo de negócios a coloca como integradora de sistemas e fornecedora de componentes específicos. A diminuição no orçamento militar sul-africano explicitou a vulnerabilidade do modelo de integração vertical inicialmente adotado, o qual a companhia tenta corrigir para uma integração horizontal às cadeias globais de valor, mas é constrangida pelo baixo investimento em P&D e pela necessidade de resgates financeiros. Ademais, a promoção de exportações tem sido dificultada dada a diminuição das compras no mercado americano e as relações controversas com os países do Oriente Médio (DUNNE; LAMB; NIKOLAIDOU, 2019). A Figura 12, a seguir, demonstra os principais consumidores da indústria de defesa sul-africana.

Figura 12 - Principais importadores de produtos e serviços de defesa sul-africanos (SIPRI TIV – milhões)

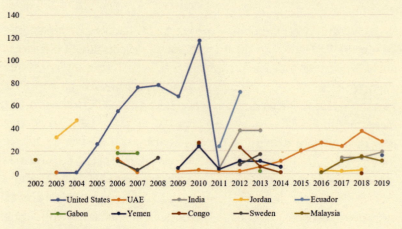

Fonte: elaborada pelo autor com base em SIPRI (2023).

Apesar do monopólio doméstico da Denel, o setor privado da indústria de defesa sul-africana se organiza de forma a concretizar sua inserção nas cadeias globais de suprimentos em uma variedade de setores, mas com predominância do aeroespacial. A lista das empresas privadas pode ser acessada na Associação de Fabricantes de Defesa (*Aerospace, Maritime and Defence Industries Association of South Africa* – AMD). A participação de grupos europeus como BAE *Systems*, Thales e EADS na indústria de defesa sul-africana contribuiu para a consolidação de determinados setores, como o aeroespacial, e foi concretizada mediante acordos de participação industrial firmados no início dos anos 2000. As contrapartes, entretanto, não consistiram em investimentos em custos fixos, mas sim somente em compras de capital, o que manteve a posição marginal da participação das empresas sul-africanas (DUNNE; LAMB; NIKOLAIDOU, 2019).

Atualmente, o pequeno mercado doméstico sul-africano contribui para a diminuição da capacidade de inovação endógena, o que pode mitigar a manutenção das vantagens comparativas sul-africanas e mitigar a sustentabilidade da indústria de defesa no longo prazo. Em 2017, o país exportou 11 bilhões de rands em materiais de emprego militar e adquiriu 7 bilhões domesticamente. O caso sul-africano é emblemático sobre as limitações de vincular a sobrevivência da indústria de defesa aos mercados externos: a diplomacia de defesa é importante, mas sua persistência está condicionada a uma estratégia doméstica coerente e que legitime o investimento estatal (MATTHEWS; KOH, 2021).

6.4 CONSIDERAÇÕES PARCIAIS

Este capítulo realizou uma revisão histórica do desenvolvimento da indústria de defesa sul-africana, considerando o caráter dos gastos militares, a transformação do ambiente securitário, a mudança de regime doméstico e os impactos desses para a indústria de defesa como um todo. Amplamente centralizada durante o período do Apartheid, a indústria de defesa sul-africana pôde desenvolver-se de forma a garantir a liderança do país em relação aos débeis vizinhos. Entretanto, com o fim da Guerra Fria, a reprodução da lógica do conflito na região sul do continente africano arrefeceu. A deterioração da economia sul-africana e as amplas reformas empreendidas nas forças armadas foram determinantes para o caráter que a indústria de defesa do país viria a assumir no sistema internacional.

No caso sul-africano, o Estado manteve a liderança do setor industrial de defesa, mesmo com a cisão entre Armscor e Denel. Apesar da reduzida capacidade de aquisição e da queda drástica na demanda por sistemas de armas, a indústria de defesa sul-africana conseguiu sobreviver, dada a expertise adquirida na produção industrial em defesa e por um processo de acoplamento de suas empresas aos grandes *players* globais. A fragmentação da Denel contribui para a explicação da diminuição do valor comercializado por essa e pela saída dessa do ranking das 100 maiores fornecedoras de produtos e serviços de defesa no mundo. Apesar da fragilidade institucional do governo sul-africano e da incapacidade desse de investir em aquisições, o país permanece como um *player* considerável nos mercados internacionais, indicando uma forte dependência de trajetória quanto ao conhecimento tácito adquirido durante os anos de embargos. A síntese da evolução da indústria de defesa sul-africana pode ser vista no Quadro 10.

Quadro 10 - Síntese histórica da indústria de defesa sul-africana

	1945-1989	1989-2001	2001-presente
Ameaça percebida	Regional	**Baixa**	Baixa
Tipo de aliança	**Autonomista**	Autonomista/ Ao hegêmona	Autonomista/ Ao hegêmona
Tipo de Estado	Desenvolvimentista	Intermediário	Intermediário
Papel do Estado	Demiurgo/ Parteiro	Parteiro/ Cultivador	**Cultivador**
Indústria de defesa	Autóctone desenvolvida	Globalizada desenvolvida	Globalizada desenvolvida

Fonte: o autor.

7

CONSIDERAÇÕES FINAIS

Esta obra se esforçou em identificar as causas para o sucesso da globalização da indústria de defesa em Estados emergentes. O processo de seleção de casos fora das categorias *high income*, do Banco Mundial, ou *advanced economies*, do Fundo Monetário Internacional, foi filtrado pelo ranking elaborado pelo SIPRI, de forma a observar quais países nas categorias iniciais possuíam empresas dentre as 100 maiores fornecedoras do mundo de bens e serviços de defesa. Essa dupla triagem direcionou o estudo aos casos de Índia, Turquia, África do Sul e Brasil, preterindo a Ucrânia.

No primeiro capítulo, estabeleceram-se as bases teóricas para analisar o papel da indústria de defesa nas Relações Internacionais, o papel das ameaças externas, dos mecanismos de balanceamento externo e interno e, por fim, a discussão sobre capacidade estatal e os papéis desenvolvidos pelo Estado na transformação industrial. Os quatro capítulos que sucederam a fundamentação teórica analisaram os gastos militares, o ambiente securitário, o ambiente doméstico e o caráter da indústria de defesa em cada um dos países selecionados.

A análise dos casos permite inferir que generalizações quanto à relação entre gastos em defesa e desenvolvimento são contra-producentes — dadas as circunstâncias específicas que não são capturadas por modelos que compreendam um número de casos maior — e geram análises divergentes quando aplicadas a casos individuais (HOU, 2009). Apesar de o foco não ser a relação entre gastos em defesa e desenvolvimento, uma conclusão similar pode ser aplicada: é perigoso definir um resultado específico para caracterizar o "sucesso" da indústria de defesa, pois o desenvolvimento dessa, apesar de possuir as mesmas motivações básicas entre os países, apresenta diferentes combinações e diferentes ênfases. Mensurar o sucesso da indústria de defesa somente pela capacidade exportadora oculta as motivações domésticas que geraram o incentivo dessa. Do mesmo modo, mensurar o sucesso da indústria de defesa somente pela garantia de autossuficiência doméstica prejudica a alocação e o papel do Estado na redistribuição de recursos.

O estudo das Relações Internacionais vinculado exclusivamente às componentes estruturais do sistema internacional moderno incorre em uma simplificação que mitiga o potencial da disciplina em constituir uma abordagem holística, capaz de integrar diversas áreas das Ciências Sociais e Humanas. Pode parecer fácil descartar a experiência histórica, dado o caráter recente de fenômenos como a guerra industrializada e as armas de destruição em massa. Entretanto, o desenvolvimento institucional que levou às últimas consequências as aplicações desses meios requer que se estudem as estratégias nacionais e a importância do contexto histórico. Nesse âmbito, buscou-se considerar, juntamente aos aspectos securitários que compelem os Estados a buscar o incremento das capacidades materiais, os componentes domésticos e a interação entre ambos os níveis na delimitação de objetivos de política de defesa e política externa vinculados à indústria de defesa.

O mérito desta obra está em tentar operacionalizar, de alguma maneira, a interação entre Estado, setor privado e ambiente internacional. O caso da indústria de defesa é simbólico nesse esforço, dado que o setor é sensível aos constrangimentos estruturais e permite a identificação dos mecanismos pelo qual o Estado barganha com seus pares e com o capital internacional que permite a consolidação dos esforços domésticos. Dentre os casos observados, a África do Sul foi o único que efetivamente consolidou um complexo militar--industrial que produziu dependências de trajetória capazes de garantir a sobrevivência da indústria de defesa nacional mesmo após mudanças de regime doméstico e de polaridade internacional. Entretanto, esse sucesso passado não pode ser constatado sem considerar a brutalidade do regime de segregação racial ao qual o país esteve submetido. O caso brasileiro, apesar de ter tido uma indústria de defesa menos abrangente, também obteve seu maior desenvolvimento

ESTADO E INDÚSTRIA DE DEFESA EM PAÍSES EMERGENTES:
BRASIL, ÍNDIA, TURQUIA E ÁFRICA DO SUL

em um regime autoritário, sem o devido *accountability* e atenção às demandas imediatas da população. O desafio que se apresenta é, portanto, orientar as capacidades estatais e o setor privado na busca de um fim comum, levando em consideração as demandas imediatas pelo bem-estar social e condicionando a indústria de defesa a um projeto amplo de desenvolvimento.

Comum a todos os casos é o uso político da busca pela autossuficiência nacional como componente legitimador do investimento na produção industrial em defesa. Apesar de todos terem incentivo declarado às exportações, somente a Turquia estabelece metas para estas. As agendas de pesquisa futuras vinculadas ao caso turco dizem respeito à exclusão do país no programa F-35, a busca pela aquisição de sistemas de defesa antiaérea russos e as tensões com Israel dados os contratos no Oriente Médio. No caso indiano, a presença de três companhias no ranking das 100 maiores fornecedoras de bens e serviços de defesa está condicionada ao tamanho do mercado interno e à rivalidade geopolítica que adota inclusive contornos nucleares aqui subavaliados. Os casos do Brasil e África do Sul remontam a um passado autoritário cuja baixa transparência no processo decisório favoreceu o relacionamento entre Estado e setor privado em prol de setores estratégicos: no primeiro, mediante mecanismos de promoção comercial, no segundo, pela acomodação das forças produtivas. Parece difícil tratar esse tipo de relação como um tipo de autonomia inserida, mas sim como captura dos recursos disponíveis para alocação em prol de interesses particularistas, no qual o desenvolvimento industrial em um contexto amplo caracteriza uma externalidade sem relação direta com interesses mais amplos da sociedade.

Índia e Turquia oferecem estudos de caso mais ricos sobre as dinâmicas internas de relacionamento entre setor público e privado, dado que ambos possuem ambientes regionais instáveis, mas produzem respostas diferentes dadas as condicionantes domésticas. Na Índia, existe uma clara desconfiança quanto às intenções do setor privado e a vinculação desse à consecução dos objetivos securitários nacionais; mesmo que as iniciativas recentes incentivem a adesão do setor privado, a sinergia desse aos interesses estatais é de difícil observação. No caso da Turquia, a predominância do setor privado e a intersecção com o governo para promoção do setor levam a crer que existe uma maior sinergia entre ambos, mas a instrumentalização política do debate e a dependência da atuação estatal para a continuidade das negociações levantam dúvidas sobre a capacidade dos atores privados de agir de forma autônoma e sobre a capacidade estatal de mobilização de recursos. Como o próprio Evans (1995) afirma em sua obra, é difícil que se consigam emular as condições do arquétipo de Estado desenvolvimentista da década de 1970, e a participação democrática implica que se pensem novas formas de autonomia inserida com maior participação social.

Os casos de Índia e Turquia dispõem de pouco conhecimento sistematizado em língua inglesa e quase nenhum em português, predominando os estudos de viés estritamente geopolítico ou de conjunturas críticas, com pouca consideração pelas características domésticas. Apesar de não preencher completamente tal lacuna, foi possível obter um panorama considerável, que abre caminhos de estudo específicos aos casos, sobretudo referente às relações entre Estado, mercado e sociedade. No caso da África do Sul, grande parte da bibliografia produzida quanto à indústria de defesa e ao ambiente securitário já possui cerca de vinte anos, portanto os esforços de reprodução e sistematização da produção recente também avançam no sentido de atualizar o conhecimento disponível. A trajetória do caso brasileiro sofre com a imprecisão dos dados relativos ao período militar, mas, quando observado comparativamente aos demais, suscita questionamentos sobre o papel das ameaças externas para a legitimação do investimento em defesa e sobre a transparência dos gastos públicos — dos quais nenhum caso possui tratamento exemplar.

A definição dos tipos de Estado está sujeita à subjetividade: há de se frisar que o Estado desenvolvimentista proposto por Peter Evans é um tipo ideal. Utilizando critérios minimalistas, pode-se afirmar que nenhum dos casos analisados constitui um Estado de tipo predatório. Em determinados momentos, os casos se aproximaram do Estado desenvolvimentista, vide África do Sul durante o

Apartheid, Brasil durante a Ditadura Militar e Turquia nos governos do AKP. A qualificação dos tipos de Estado, discussão vinculada ao conceito de capacidade estatal, precisa ser melhor trabalhada — ou repensada em seu valor explicativo. Como apresentado na seção 2.3.3, todos os casos possuem capacidade de financiamento e sistemas consolidados de remuneração burocrática. Entretanto, é difícil falar em autonomia inserida na indústria de defesa, sendo que os mecanismos de *accountability* e transparência referentes à destinação dos gastos militares ainda são precários. Essa relação pode ajudar a explicar por que Estados que enfatizam o papel de cultivador possuem maior sucesso no mercado contemporâneo, dado o *compliance* necessário à atuação internacional das firmas.

Resta, portanto, analisar como a indústria de defesa evoluiu em cada caso, dividindo-os internamente de acordo com a ordem internacional vigente. No período da bipolaridade, o caso indiano apresentou as características do tipo autóctone mínima: o país importou sistemas de armas soviéticos, britânicos e franceses, mas à época não conseguiu empreender esforços para vincular suas indústrias à produção desses. Há de se enfatizar que, mesmo sem se vincular às redes securitárias estadunidenses, o país dispunha de acesso aos mercados internacionais de defesa. Do mesmo modo, a Turquia esteve vinculada à Otan desde 1952 e encontrou nessa os fornecedores e arranjos políticos necessários ao seu processo de modernização e inserção dos mercados internacionais, expandido a partir de 1974. No caso turco, o tipo "globalizada mínima", verificado até meados do fim da Guerra Fria, justifica-se pela facilidade do país em associar-se às empresas estadunidenses e promover *joint--ventures*, mesmo estando em estágios iniciais de industrialização e sem clareza quanto aos sistemas cujo desenvolvimento viria a ser priorizado (KURÇ, 2017).

O caso brasileiro no período da bipolaridade é tratado como uma indústria de defesa globalizada desenvolvida: o país possuiu acesso aos mercados internacionais tanto como comprador — mesmo com os baixos valores adquiridos dado o contexto econômico restritivo — quanto vendedor, beneficiado sobretudo pela demanda dos países do Oriente Médio, com os quais o Brasil gozou de liberdade de interação. Ademais, as políticas industriais de defesa empreendidas no período apresentam forte dependência da trajetória da capacidade industrial instalada desde os anos 1930. No período da bipolaridade, a África do Sul é tratada como um caso de indústria de defesa autóctone desenvolvida. Tal observação é proveniente tanto dos embargos impostos pelas Nações Unidas quanto pelo estigma que os sistemas de armas sul-africanos carregavam no mercado internacional. Mesmo com a produção destinada predominantemente ao suprimento das demandas internas, a literatura elucida o papel desempenhado pelo comércio ilegal de sistemas de armas ocidentais e pelas condições que possibilitaram que a África do Sul entronizasse tecnologias que dariam origem à autossuficiência do país.

O fim da Guerra Fria influenciou o cenário securitário de cada caso de forma mais ou menos explícita. Para a Índia, esse marcou um ponto de inflexão nas relações com a Rússia, EUA e a rivalidade entre Afeganistão e Paquistão que reverberava seu ambiente securitário. A análise empírica permite inferir que a abertura do mercado indiano e o reestabelecimento das relações com os EUA, aliados ao ímpeto indiano pela autossuficiência que manteve o investimento na indústria de defesa, transformou a Índia em um tipo globalizada mínima. Para a Turquia, o novo momento internacional marcou um período de relativa acomodação externa e aproximação com a União Europeia. Apesar do momento internacionalmente favorável, o país passou por sucessivos golpes de Estado e precisou lidar com as revoltas no Curdistão, fatores que limitaram a capacidade de mobilização do Estado em prol do direcionamento de projetos industriais. A predominância do setor privado, entretanto, permitiu que o país mantivesse o desenvolvimento e a produção vinculados às empresas dos grandes *players* membros da Otan.

Mesmo não sendo mecanismo causal direto para esses, a dissolução da União Soviética esteve próxima a transformações domésticas nos casos analisados, como o início da reaproximação entre Índia e Estados Unidos na década de 1990, a criação da TSKGV na Turquia em 1987, fim do Apartheid na África do Sul em

1994 e a redemocratização no Brasil, que culminou no processo constituinte de 1988 e nas eleições diretas em 1989. Para Brasil e África do Sul, o momento unipolar significou uma mudança na lógica securitária regional, que passou a ser operada mediante demandas e percepções internas, abandonando a simples reprodução do conflito entre as superpotências e abrindo espaço para a cooperação regional. Além da cooperação regional, ambos os países foram afetados por crises econômicas que levaram a diferentes respostas no incentivo estatal à indústria de defesa. A África do Sul adotou uma postura cultivadora, orientando a diversificação e conversão das empresas de forma a manter o *know-how* e as parcerias. Agora inserida nos mercados internacionais, o país tornou-se um tipo globalizado desenvolvido. O Brasil, por sua vez, adotou uma postura reguladora, o que gerou um encolhimento do setor no país, com a falência de empresas e a privatização da Embraer. Entretanto, apesar do encolhimento da participação no mercado internacional, o país continuou vinculado à ordem securitária, implicando um tipo globalizado mínimo.

O marco pós-2001, utilizado no último período de análise em referência ao 11 de setembro, também não possui uma relação causal direta com os casos, mas aproxima-se da aquiescência da Índia como potência nuclear, da ascensão ao poder do AKP na Turquia, do PT no Brasil e da publicação do SDP na África do Sul, no qual o Estado voltou a orientar em alguma medida os programas de aquisição em defesa e vinculou as reminiscências da indústria de defesa a esses. Na Índia, a principal mudança no período esteve relacionada à percepção de que a expertise do setor privado pode contribuir para o desenvolvimento da indústria de defesa, descentralizando o papel do Estado como demiurgo e aproximando-o de um tipo parteiro, mas ainda dependente de subcontratação e de componentes externos com maior valor agregado. Na Turquia, a estabilização política veio acompanhada de um ambiente externo conflitivo em Iraque e Síria. Apesar de ter uma indústria de defesa globalizada desenvolvida, envolvida em projetos proeminentes como o F-35, a insatisfação turca com seus alinhamentos internacionais é patente na busca de alternativas pela aquisição de sistemas de armas russos — que levaram o país à exclusão do programa F-35 e que requerem atenção à política doméstica e externa da Turquia.

Para o Brasil, o período contemporâneo é marcado por um interesse renovado na indústria de defesa, fruto de uma articulação política que buscou encontrar novos meios de exercer influência no sistema internacional e vincular esses esforços à manutenção da capacidade industrial do país. Nesse contexto, a Embraer, maior empresa do país, teve papel central sobretudo com o sucesso do Super Tucano. Após 2016, o Estado desengajou-se da promoção do setor em decorrência da crise econômica e dos escândalos de corrupção, entretanto, há bons prospectos oriundos dos programas FX-2 e KC-390, mas a predominância do papel regulador e a falta de uma estratégia de promoção colocam a indústria de defesa brasileira como globalizada mínima. A África do Sul, em seus programas de rearmamento, também passou por denúncias de corrupção, mas a incorporação de seu setor aeroespacial às grandes empresas mantém o país como uma indústria de defesa globalizada desenvolvida. Há de se analisar, entretanto, quais os impactos do baixo investimento em defesa estatal, que o aproximam de um papel regulador, podem vir a ter na manutenção da posição relativa de sua indústria.

Destaca-se no Quadro 11[75], a seguir, o principal fator na delimitação do modelo de indústria de defesa existente em cada caso para os referidos períodos. Pode-se concluir que, em concordância com a hipótese de trabalho, o sucesso da indústria de defesa atual, diante das transformações sistêmicas de todo o período, está condicionado à sua capacidade de tornar-se globalizada, e, nas condições de unipolaridade ou multipolaridade desequilibrada, o modelo de indústria de defesa autóctone desenvolvida torna-se inviável aos Estados que não possuem capacidade de mobilização de recursos para serem percebidos como desafiantes. Entretanto, o papel desempenhado pelo Estado e o tipo de ameaça percebida não podem ser considerados

---

[75] Os grifos correspondem ao fator de maior peso identificado em cada caso e período. Esforços futuros devem buscar verificar o caráter probabilístico dos padrões de variação em prol do resultado observado.

ESTADO E INDÚSTRIA DE DEFESA EM PAÍSES EMERGENTES:
BRASIL, ÍNDIA, TURQUIA E ÁFRICA DO SUL

sem o devido cuidado à trajetória histórica. O caso sul-africano é exemplo de uma base industrial de defesa que dificilmente teria se desenvolvido a partir do fim do Apartheid. Da mesma forma, o caso brasileiro também é diretamente dependente da estrutura de P&D e dos investimentos realizados durante a ditadura militar.

Quadro 11 - Síntese histórica da evolução dos casos analisados

Índia	Ameaça percebida	Tipo de aliança	Tipo de Estado	Papel do Estado	Indústria de defesa
1945-1989	Regional	Autonomista / ao desafiante	Intermediário	Demiurgo/ Regulador	Autóctone mínima
1989-2001	Regional	Autonomista	Intermediário	Demiurgo	Globalizada mínima
2001-Presente	Regional	Autonomista/ ao hegêmona	Intermediário	Parteiro	Globalizada mínima
Turquia	Ameaça percebida	Tipo de aliança	Tipo de Estado	Papel do Estado	Indústria de defesa
1945-1989	Regional	Ao hegêmona	Intermediário	Cultivador	Globalizada mínima
1989-2001	Regional	Ao hegêmona	Intermediário	Cultivador	Globalizada mínima
2001-Presente	Regional	Autonomista/ ao hegêmona	Intermediário	Cultivador	Globalizada desenvolvida
Brasil	Ameaça percebida	Tipo de aliança	Tipo de Estado	Papel do Estado	Indústria de defesa
1945-1989	Regional	Ao hegêmona	**Desenvolv.**	Demiurgo/ Parteiro	Globalizada desenvolvida

Índia	Ameaça percebida	Tipo de aliança	Tipo de Estado	Papel do Estado	Indústria de defesa
1989-2001	Baixa	Ao hegêmona	Interme-diário	**Regulador**	Globa-lizada mínima
2001-Presente	Baixa	Autono-mista/ ao hegêmona	Interme-diário	**Cultivador**	Globa-lizada mínima
África do Sul	Ameaça percebida	Tipo de aliança	Tipo de Estado	Papel do Estado	Indústria de defesa
1945-1989	Regional	**Autono-mista**	**Desenvolv.**	Demiurgo/ Parteiro	Autóctone desenvol-vida
1989-2001	**Baixa**	Autono-mista/ ao hegêmona	Interme-diário	Parteiro/ Cultivador	Globali-zada desen-volvida
2001-Presente	Baixa	Autono-mista/ ao hegêmona	Interme-diário	**Cultivador**	Globali-zada desen-volvida

Fonte: o autor.

A nível externo, deve-se destacar que o Brasil foi o único dos casos analisados que não passou por um embargo formal ao comércio de armamentos. Ao passo que Índia e Turquia sofreram sanções oficiais dos Estados Unidos — a primeira pelo ímpeto na obtenção de armas nucleares e pelos atritos fronteiriços com o Paquistão em 1965 e 1971, a segunda, pela histórica polarização com a Grécia em decorrência da invasão do Chipre em 1964 —, a África do Sul sofreu um embargo voluntário em 1963 sucedido por um embargo compulsório das Nações Unidas em 1977. Incentivos negativos desse tipo podem ser considerados causas necessárias para a legitimação do desenvolvimento de capacidades industriais de defesa, visto que colocam os países em uma posição vulnerável e diminuem o rol de meios disponíveis para a competição interestatal.

A lógica brasileira para a expansão da indústria de defesa não respondia, portanto, ao caráter internacional restritivo dos demais casos. O caso brasileiro vivenciou uma indústria de defesa associada a objetivos amplos de política externa do regime militar e às redes de alianças da elite governante, reconhecendo as consequências políticas e as repercussões para o Brasil da venda de armamentos para zonas em conflito. Se quando do início da expansão das exportações, na década de 1970, a promoção esteve predominantemente a cargo das empresas, o incremento da participação brasileira levou a uma maior intervenção do Ministério das Relações Exteriores, encarregado de avaliar as condições geopolíticas e econômicas dos importadores (AVILA, 2009). A preocupação com o prestígio internacional, com a sustentabilidade do regime e com a estabilidade regional motivaram a interlocução entre diferentes setores dentro do país e as restrições à exportação de armamentos brasileiros a países vizinhos e da América Central (AVILA, 2009).

A trajetória de exportações de produtos e serviços de defesa pelo Brasil foi afetada tanto por fatores domésticos quanto internacionais. Durante o regime militar, as pressões de grupos industriais, que buscavam promover a exportação para países do Oriente Médio, encontraram a política mediante necessidade de garantir os fluxos de petróleo, a entrada de divisas e o financiamento de setores tecnológicos. Na redemocratização, a retração da participação estatal vinculada à adoção de políticas econômicas neoliberais e à diminuição da demanda internacional por armamentos — sobretudo nos países árabes que absorviam a maior parte da produção brasileira — levaram a um cenário de colapso da indústria de defesa, que somente viria a reagir a partir da vinculação entre defesa e desenvolvimento, revisitada com a ascensão do Partido dos Trabalhadores, e contestada pelas organizações da sociedade civil (MORAES, 2021; MAGALHÃES, 2016).

A Política Nacional de Exportação de Material de Emprego Militar (PNEMEM), datada de 1974, vigorou até a promulgação do Decreto n.º 9.607, de 12 de dezembro de 2018, que instituiu a Política Nacional de Importação e Exportação de Produtos de Defesa.

A literatura carece de análises aprofundadas quanto à diferenciação das regulamentações, os novos mecanismos institucionais adotados pelo governo para a comercialização de sistemas de armamentos e, sobretudo, a vinculação entre esses e a política externa brasileira. Deve-se explorar com maior profundidade as potencialidades brasileiras para produção industrial em defesa. Apesar de observar dados até 2018, a Embraer já mostra sinais de recuperação após o fracasso da venda para a estadunidense Boeing. Com a consolidação do cargueiro KC-390 no mercado internacional, a empresa é capaz de fornecer um produto mais adequado que o Hércules C-130 para as demandas da aviação militar atual.

Esta conclusão engendra uma nova agenda de pesquisa futura: a necessidade e o escopo da discussão sobre a indústria de defesa no âmbito das relações civis-militares. Reformas militares construídas em sintonia com as demandas sociais — e a cooperação interagências, tendo em vista o mercado de segurança pública — podem gerar demandas por produtos inovadores e que, tendo seu sucesso comprovado, abram novos mercados para comercialização. Entretanto, o estabelecimento dessas políticas requer um debate maduro, em que cada Força tenha clareza quanto ao seu papel democrático e não condicione sua estabilidade orçamentária — sobretudo em um contexto de austeridade nas despesas imposto pelo teto de gastos aprovado em 2016 — e institucional ao governo vigente, enfatizando a construção de capacidades estatais capazes de fortalecer a indústria de defesa no longo prazo.

A discussão sobre indústria de defesa é permeada por argumentos que, mesmo dotados de consistência empírica, precisam ser contextualizados. Estabilidade orçamentária, investimento em P&D, diferenciação entre políticas de Estado e de governo, hélice tripla, sistemas de inovação, uso dual e desenvolvimento industrial possuem conteúdo teórico suficiente para legitimar o investimento na indústria de defesa, mas não são fins em si mesmos. Esse rol de argumentos precisa ser qualificado, seja em estudos de casos individuais ou de casos comparativos, para elucidar exatamente como seu cumprimento é capaz de contribuir para a superação dos desafios de países emergentes, nos quais a alocação orçamentária tem como prioridade responder às demandas da população que fornece os recursos ao Estado. O debate quanto à indústria de defesa precisa ser mais transparente, público e participativo para que a sociedade compreenda o papel do setor e as condições em que esse se vincula ao aumento do bem-estar social.

REFERÊNCIAS

ABRAHAMS, Diane. Defence conversion in South Africa: a faded ideal? **Institute for Security Studies Papers**, Paris, n. 51, 2001. Disponível em: https://www.africaportal.org/publications/defence-conversion-in-south-africa-a-faded-ideal/. Acesso em: 7 nov. 2022.

ALMOND, Gabriel Abraham; POWELL, G. Bingham. **Uma teoria de política comparada**. Rio de Janeiro: Zahar, 1972.

ALPTEKIN, Aynur; LEVINE, Paul. Military expenditure and economic growth: a meta-analysis. **European Journal of Political Economy**, Munich, v. 28, n. 4, p. 636-650, 2012.

AMBROS, Christiano Cruz. **Base industrial de defesa e arranjos institucionais**: África do Sul, Austrália e Brasil em perspectiva comparada. 2017. Tese (Doutorado em Ciência Política) – Universidade Federal do Rio Grande do Sul, Porto Alegre, 2017.

AMORIM, Celso. A política de defesa de um país pacífico. **Revista da Escola Superior de Guerra**, Rio de Janeiro, v. 27, n. 54, p. 7-15, 2012.

AMORIM NETO, Octavio; RODRIGUEZ, Júlio César Cossio. O novo método histórico-comparativo e seus aportes à ciência política e à administração pública. **Revista de Administração Pública**, Rio de Janeiro, v. 50, n. 6, p. 1003-1027, 2016.

ANDERS, Therese; FARISS, Christopher J.; MARKOWITZ, Jonathan N. Bread before guns or butter: introducing surplus domestic product (SDP). **International Studies Quarterly**, [s. l.], v. 64, n. 2, p. 392-405, 2020.

ANDERTON, Charles H.; CARTER, John R. **Principles of conflict economics**. Cambridge, MA: Cambridge University Press, 2009.

ANDRADE, Israel de Oliveira *et al.* **O fortalecimento da indústria de defesa do Brasil**. Brasília, DF: Instituto de Pesquisa Econômica Aplicada, 2016. Texto para discussão, n. 2182.

ARRIGHI, Giovanni. **A ilusão do desenvolvimento**. 6. ed. Petrópolis: Vozes, 1997.

ARRIGHI, Giovanni. **O longo século XX**. São Paulo: Editora UNESP, 1996.

ARTURI, Carlos S. O debate teórico sobre mudança de regime político: o caso brasileiro. **Revista de Sociologia e Política**, Curitiba, v. 17, n. 17, p. 11-31, 2001.

AVILA, Carlos Federico Domínguez. Armas brasileiras na América Central: um estudo sob a perspectiva da Política Nacional de Exportação de Material de Emprego Militar – PNEMEM (1974-1991). **Varia Historia**, Pampulha, v. 25, n. 41, p. 293-314, 2009.

AYOOB, Mohammed. The security problematic of the third world. **World Politics**, Cambridge, UK, v. 43, n. 2, p. 257-283, 1991.

AZAR, Edward E. e MOON, Chung-in. Legitimacy, Integration and Policy Capacity: The 'Software' Side of Third World National Security. *In*: AZAR, Edward E.; MOON, Chung-in (ed.) **National Security in the Third World**: The Management of Internal and External Threats. College Park: Center for International Development and Conflict Management, University of Maryland, 1998. p. 77-101.

BAĞCI, Hüseyin; KURÇ, Çağlar. Turkey's strategic choice: buy or make weapons? **Defence Studies**, New Delhi, v. 17, n. 1, p. 38-62, 2017.

BARCELLOS, João Miguel Villas-Bôas. Uma análise do complexo industrial-militar indiano como um instrumento de autonomia estratégica. **Conjuntura Austral**, Porto Alegre, v. 10, n. 50, p. 47-66, 2019.

BARNETT, Michael. High politics is low politics: the domestic and systemic sources of Israeli security policy, 1967-1977. **World Politics**, Cambridge, UK, v. 42, n. 4, p. 529-562, 1990.

BATCHELOR, Peter. **South Africa's arms industry**: prospects for conversion. *In*: COCK, Jacklyn; MCKENZIE, Penny (org.). **From defense to development**: redirecting military resources in South Africa. Ottawa: International Development Research Centre, 1998. p. 97-121.

BATCHELOR, Peter; DUNNE, Paul. The restructuring of South Africa's defence industry. **African Security Review**, Abingdon, v. 7, n. 6, p. 27-43, 1998.

BATCHELOR, Peter; DUNNE, Paul; LAMB, Guy. The demand for military spending in South Africa. **Journal of Peace Research**, Oslo, v. 39, n. 3, p. 339-354, 2002.

BATCHELOR, Peter; DUNNE, J. Paul; SAAL, David S. Military spending and economic growth in South Africa. **Defence and Peace Economics**, Abingdon, v. 11, n. 6, p. 553-571, 2000.

BECKLEY, Michael. The power of nations: measuring what matters. **International Security**, Cambridge, MA, v. 43, n. 2, p. 7-44, 2018.

BEHERA, Laxman Kumar. **India's defence budget 2020-21**. New Delhi: Manohar Parrikar Institute for Defence Studies and Analyses, 2020. Disponível em: https://idsa.in/issuebrief/india-def-budget--2020-21-lkbehera-040220. Acesso em: 24 nov. 2020.

BEHERA, Laxman Kumar. Perspectives focus India's defence public sector undertakings: a performance analysis. **Journal of Defence Studies**, New Delhi, v. 3, n. 4, p. 118-130, 2009.

BENOIT, Emile. Growth and defense in developing countries. **Economic Development and Cultural Change**, [s. l.], v. 26, n. 2, p. 271-280, 1978.

BÉRAUD-SUDREAU, Lucie *et al.* Emerging suppliers in the global arms trade. **SIPRI Insights on Peace and Security**, Stockholm, n. 13, p. 1-24, dez. 2020. Disponível em: https://www.sipri.org/publications/2020/sipri-insights-peace-and-security/emerging-suppliers-global-arms-trade. Acesso em: 14 jan. 2021.

BÉRAUD-SUDREAU, Lucie; NOUWENS, Meia. Weighing giants: taking stock of the expansion of China's defence industry. **Defence and Peace Economics**, Abingdon, v. 32, n. 2, p. 151-177, 2021.

BEST, Michael. **The new competition**: institutions of industrial restructuring. New York: Polity Press, 1990.

BILGIN, Pinar. Turkey's changing security discourses: the challenge of globalisation. **European Journal of Political Research**, [*s. l.*], v. 44, n. 1, p. 175-201, 2005.

BITZINGER, Richard A. Comparing defense industry reforms in China and India. **Asian Politics and Policy**, [*s. l.*], v. 7, n. 4, p. 531-553, 2015a.

BITZINGER, Richard A. Defense industries in Asia and the technonationalist impulse. **Contemporary Security Policy**, [*s. l.*], v. 36, n. 3, p. 453-472, 2015b.

BITZINGER, Richard A. The globalization of the arms industry: the next proliferation challenge. **International Security**, Cambridge, MA, v. 19, n. 2, p. 170-198, 1994.

BITZINGER, Richard A. Towards a brave new arms industry? **The Adelphi Papers**, [*s. l.*], v. 43, n. 356, p. 63-79, 2003.

BLACKWILL, Robert D.; HARRIS, Jennifer M. **War by other means**: geoeconomics and statecraft. Cambridge: Harvard University Press, 2016.

BOHN, Eduardo Cesar. **Indústria de defesa e processos de aquisição no Brasil**: uma sugestão de debate baseado em modelos para países em desenvolvimento. 2014. Dissertação (Mestrado em Estudos Estratégicos Internacinais) – Universidade Federal do Rio Grande do Sul, Porto Alegre, 2014.

BONVILLIAN, William B. **Advanced manufacturing**: a new policy challenge. Hanover, MA: Now Publishers, 2017.

BORBA, Pedro dos Santos de. **Sociologia histórica como teoria política**: a formação dos Estados modernos na Europa e na América Latina. 2014. Dissertação (Mestrado em Ciência Política) – Universidade do Estado do Rio de Janeiro, Rio de Janeiro, 2014.

BOVE, Vincenzo; BRAUNER, Jennifer. The demand for military spending in authoritarian regimes. **Defence and Peace Economics**, Abingdon, v. 27, n. 5, p. 1-17, 2014.

BRASIL. **Decreto n.º 6.703, de 18 de dezembro de 2008**. Aprova a estratégia nacional de defesa, e dá outras providências. Brasília, DF: Presiidência da República, 2008.

BRASIL. Ministério da Defesa. **Livro Branco De Defesa Nacional**. Brasília, DF: Ministério da Defesa, 2012.

BRAUER, Jurgen; DUNNE, J. Paul. **Arms trade and economic development**: theory, policy, and cases in arms trade offsets. London: Routledge, 2011.

BROOKS, Stephen G. **Producing security**. Princeton: Princeton University Press, 2005.

BRUNTON, Bruce. An historical perspective on the future of the military-industrial complex. **The Social Science Journal**, [s. l.], v. 28, n. 1, p. 45-62, 1991.

BRUSTOLIN, Vitelio Marcos. **Abrindo a caixa preta**: o desafio da transparência dos gastos militares no Brasil. 2009. Dissertação (Mestrado em Políticas Públicas, Estratégias e Desenvolvimento) – Universidade Federal do Rio de Janeiro, Rio de Janeiro, 2009.

BRUSTOLIN, Vitelio Marcos; OLIVEIRA, Cleber Almeida; SENNA, Claudio José D'Alberto. Análise das práticas de offset nos contratos de defesa no Brasil. **Revista da Escola de Guerra Naval**, Rio de Janeiro, v. 22, n. 1, p. 169-196, 2016.

BRZOSKA, Michael. Arming South Africa in the shadow of the UN arms embargo. **Defense Analysis**, [s. l.], v. 7, n. 1, p. 21-38, 1991.

BUZAN, Barry; WÆVER, Ole. **Regions and powers**. New York: Cambridge University Press, 2003.

BUZAN, Barry; WÆVER, Ole; DE WILDE, Jaap. **Security**: a new framework for analysis. London: Lynne Rienner Publishers, 1998.

CASTELLANO DA SILVA, Igor. **Política externa da África Austral**: guerra, construção do Estado, e ordem regional (África do Sul, Angola,

Moçambique, Zimbábue e Namíbia). Porto Alegre: CEBRÁFRICA-U-FRGS, 2017.

CAVERLEY, Jonathan D. United States hegemony and the new economics of defense. **Security Studies**, Oxford, v. 16, n. 4, p. 598-614, 2007.

CAWTHRA, Gavin. **Brutal force**: the Apartheid war machine. London: International Defence; Aid Fund for Southern Africa, 1986.

CEPIK, Marco; LICKS BERTOL, Frederico. Defense policy in Brazil: bridging the gap between ends and means? **Defence Studies**, New Delhi, v. 16, n. 3, p. 229-247, 2016.

CERVO, Amado Luiz; BUENO, Clodoaldo. **História da política exterior do Brasil**. 4. ed. Brasília, DF: Editora UNB, 2011.

CHESNAIS, François. A globalização e o curso do capitalismo de fim--de-século. **Economia e Sociedade**, Campinas, v. 4, n. 2, p. 1-30, 1995.

CHIN, Warren. Technology, war and the state: past, present and future. **International Affairs**, Oxford, v. 95, n. 4, p. 765-783, 2019.

CLAPHAM, Christopher. **Africa and the international system**: the politics of state survival. Cambridge, UK: Cambridge University Press, 1996.

CLAUSEWITZ, Carl von. **Da guerra**. Tradução: Luiz Carlos Nascimento e Silva do Valle. São Paulo: Martins Fontes, 2003.

COHEN, Stephen P.; DASGUPTA, Sunil. **Arming without aiming**: India's military modernization. Washington, DC: Brookings Institution Press, 2010.

COLLIER, David. Understanding process tracing. **PS: Political Science and Politics**, Cambridge, v. 44, n. 4, p. 823-830, 2011.

CONCA, Ken. Technology, the military, and democracy in Brazil. **Journal of Interamerican Studies and World Affairs**, Cambridge, v. 34, n. 1, p. 141-177, 1992.

COPELAND, Dale C. Do reputations matter? **Security Studies**, Oxford, v. 7, n. 1, p. 33-71, 1997.

COPPEDGE, Michael *et al.* **V-Dem Codebook v10**. Gothenburg: Varieties of Democracy (V-Dem) Project, 2020. Disponível em: https://www.v--dem.net/data/dataset-archive/country-date-v-dem-v10/. Acesso em: 13 jul. 2023.

CORRÁ, Daniel. Entenda como Boeing e Embraer foram da aproximação ao rompimento do acordo bilionário. **G1**, Vale do Paraíba, 2020. Disponível em: https://g1.globo.com/sp/vale-do-paraiba-regiao/noticia/2020/04/26/entenda-como-boeing-e-embraer-foram-da-aproximacao-ao-rompimen-to-do-acordo-bilionario.ghtml. Acesso em: 5 fev. 2021.

COWSHISH, Amit. Decoding Defence Acquisition Procedure 2020. **IDSA Issue Briefs**, [*s. l.*], 2020a. Disponível em: https://idsa.in/issuebrief/deco-ding-dap-2020-acowshish-201120. Acesso em: 8 dez. 2020.

COWSHISH, Amit. Impact of Embargo on Defence Imports. **Indian Defence Review**, [*s. l.*], 2020b. Disponível em: http://www.indiande-fencereview.com/spotlights/impact-of-embargo-on-defence-imports/. Acesso em: 8 dez. 2020.

COX, Robert Armaments after autonomy: military adaptation and the drive for domestic defence industries W. social forces, states and world orders: beyond international relations theory. **Millennium – Journal of International Studies**, [*s. l.*], v. 10, n. 2, p. 126-155, 1981.

D'ÁVILA, Mariana Zonta. Embraer tem primeiro lucro desde 2018 e ações sobem mais de 7%; para analistas, melhor ainda está por vir. **InfoMoney**, [*s. l.*], 13 ago. 2021. Disponível em: https://www.infomoney.com.br/mer-cados/embraer-tem-primeiro-lucro-desde-2018-e-acoes- sobem-mais--de-6-para-analistas-melhor-ainda-esta-por-vir. Acesso em: 7 out. 2021.

DEGER, Saadet; SEN, Somnath. Military expenditure, spin-off and economic development. **Journal of Development Economics**, Amsterdam, v. 13, n. 1-2, p. 67-83, 1983.

DEVORE, Marc R. Armaments after autonomy: military adaptation and the drive for domestic defence industries. **Journal of Strategic Studies**, [*s. l.*], v. 44, p. 325-359, 2021.

DEVORE, Marc R. Defying convergence: globalisation and varieties of defence-industrial capitalism. **New Political Economy**, [s. l.], v. 20, n. 4, p. 569-593, 2015.

DEVORE, Marc R. International armaments collaboration and the limits of reform. **Defence and Peace Economics**, Abingdon, v. 25, n. 4, p. 415-443, 2014.

DOMBROWSKI, Peter; GHOLZ, Eugene. **Buying military transformation**: technological innovation and the defense industry. New York: Columbia University Press, 2006.

DORNELLES JR., Arthur Coelho. A modernização militar da China e a distribuição de poder no Leste Asiático. **Contexto Internacional**, Rio de Janeiro, v. 36, n. 1, p. 145-170, 2014.

DOSI, Giovanni et al. **National systems of innovation**. London: Pinter, 1988. Disponível em: https://doi.org/10.2307/2234048. Acesso em: 8 nov. 2022.

DEFENCE RESEARCH AND DEVELOPMENT ORGANISATION. **About DRDO**, New Delhi, 2020. Disponível em: https://www.drdo.gov.in/about-drdo. Acesso em: 25 nov. 2020.

DREZNER, Daniel W. Technological change and international relations. **International Relations**, [s. l.], v. 33, n. 2, p. 286-303, 2019.

DUARTE, Érico Esteves. Impactos de novas tecnologias em política de defesa: lições e limites do modelo norte-americano. **Boletim de Economia e Política Internacional (BEPI)**, Brasília, DF, n. 8, p. 71-82, 2011.

DUARTE, Érico Esteves. **Conduta da guerra na Era Digital e suas implicações para o Brasil**: uma análise de conceitos, políticas e práticas de defesa. Brasília, DF: Instituto de Pesquisa Econômica Aplicada, 2012a. Texto para discussão, n. 1760.

DUARTE, Érico Esteves. **Tecnologia militar e desenvolvimento econômico**: uma análise histórica. Brasília, DF: Instituto de Pesquisa Econômica Aplicada, 2012b. Texto para discussão, n. 1748.

DUNNE, J. Paul. Military Keynesianism: An Assessment. **Working Papers**, [s.l.], 2011. Disponível em: https://ideas.repec.org//p/uwe/wpaper/1106. html. Acesso em: 10 jul. 2023.

DUNNE, J. Paul; LAMB, Guy; NIKOLAIDOU, Eftychia. South Africa and its defence industry. *In*: HARLEY, Keith; BELIN, Jean (org.). **The economics of the global defence industry**. New York: Routledge, 2019. p. 548-570.

DUNNE, Paul; PERLO-FREEMAN, Sam. The demand for military spending in developing countries. **International Review of Applied Economics**, [s. l.], v. 17, n. 1, p. 23-48, 2003.

EARLE, Edward Mead. Adam Smith, Alexander Hamilton, Friedrich List: the economic foundations of military power. *In*: PARET, Peter (org.). **Makers of modern strategy**: from machiavelli to the nuclear age. Princeton: Princeton University Press, 1986. p. 217-261.

EDSTRÖM, Håkan; WESTBERG, Jacob. The defense strategies of middle powers: competing for security, influence and status in an era of unipolar demise. **Comparative Strategy**, [s. l.], v. 39, n. 2, p. 171-190, 2020.

EFSTATHIOU, Yvonni-Stefania; WALDWYN, Tom. Turkish defence exports to 2023: grand ambitions. 2019. **IISS**, [s. l.], 10 Apr. 2019. Disponível em: https://www.iiss.org/blogs/military-balance/2019/04/turkish-defence-exports. Acesso em: 1 fev. 2021.

ERDAĞ, Ramazan. Security environment and military spending of Turkey in the 2000s. **Contemporary Review of the Middle East**, [s. l.], v. 8, n. 1, p. 1-20, 2020.

EVANS, Peter. **Embedded autonomy**: states and industrial transformation. Princeton: Princeton University Press, 1995.

EVANS, Peter B.; RUESCHEMEYER, Dietrich; SKOCPOL, Theda (org.). **Bringing the state back in**. Cambridge: Cambridge University Press, 1985.

FENG, Liu; RUIZHUANG, Zhang. The typologies of realism. **Chinese Journal of International Politics**, Oxford, v. 1, n. 1, p. 109-134, 2006.

FERNANDEZ, Rodrigo Nobre *et al.* Análise dos efeitos crowding-in e crowding-out para a economia brasileira. **SINERGIA – Revista do Instituto de Ciências Econômicas, Administrativas e Contábeis**, Rio Grande, v. 21, n. 2, p. 71-80, 2018.

FERREIRA, Marcos José Barbieri. Base industrial de defesa brasileira no início do século XXI. *In*: CASTELLANO DA SILVA, Igor; ROHENKOHL, Julio Eduardo (org.). **Polos de defesa e inovação**: Estado, instituições e inovação. Santa Maria: Editora UFSM, 2020. p. 197-248.

FERREIRA DA SILVA, Peterson. **A política industrial de defesa no Brasil (1999-2014)**: intersetorialidade e dinâmica de seus principais atores. 2015. Tese (Doutorado em Relações Internacionais) – Instituto de Relações Internacionais da Universidade de São Paulo, Universidade de São Paulo, São Paulo, 2015.

FLEMES, Daniel; VAZ, Alcides Costa. Security policies of India, Brazil and South Africa: regional security contexts as constraints for a common agenda. **Mural Internacional**, Rio de Janeiro, v. 5, n. 1, p. 10-27, 2014.

FONTES, Stella. Ações da Embraer sobem 164% no ano e lidera ganhos do Ibovespa. **Valor Econômico**, São Paulo, 7 out. 2021. Disponível em: https://valor.globo.com/empresas/noticia/2021/10/07/embraer-sobe-164-no-ano-e-lidera-ganhos-do-ibovespa.ghtml. Acesso em: 7 out. 2021.

FORDHAM, Benjamin. The politics of threat perception and the use of force: a political economy model of US uses of force, 1949-1994. **International Studies Quarterly**, [*s. l.*], v. 42, n. 3, p. 567-590, 1998.

FORDHAM, Benjamin O.; WALKER, Thomas C. Kantian liberalism, regime type, and military resource allocation: do democracies spend less? **International Studies Quarterly**, [*s. l.*], v. 49, n. 1, p. 141-157, 2005.

FRANKO, Patrice M.; HERZ, Mônica. Defense industrialization in Latin America. **Comparative Strategy**, [*s. l.*], v. 37, n. 4, p. 331-345, 2018.

FUCCILLE, Luís Alexandre. **Democracia e questão militar**: a criação do Ministério da Defesa no Brasil. 2006. Tese (Doutorado em Ciência

Política) – Departamento de Ciência Política, Instituto de Filosofia e Ciências Humanas, Universidade Estadual de Campinas, Campinas, 2006.

FUCHS, Erica; KIRCHAIN, Randolph. Design for location? The impact of manufacturing offshore on technology competitiveness in the optoelectronics industry. **Management Science**, [*s. l.*], v. 56, n. 12, p. 2323-2349, 2010.

GERSCHENKRON, Alexander. **Economic backwardness in historical perspective**. Cambridge, MA: Harvard University Press, 1962.

GHOLZ, Eugene; SAPOLSKY, Harvey M. The many lines of defense: the political economy of US defense acquisition. **Journal of Global Security Studies**, Oxford, v. 6, n. 1, ogaa007, 2021.

GIDDENS, Anthony. **O Estado-nação e a violência**. São Paulo: Edusp, 2001.

GILLI, Andrea; GILLI, Mauro. Why China has not caught up yet: military--technological superiority and the limits of imitation, reverse engineering, and cyber espionage. **International Security**, Cambridge, MA, v. 43, n. 3, p. 141-189, 2019.

GILPIN, Robert. **War and change in world politics**. New York: Cambridge University Press, 1983.

GIRGLIOLI, Pier Paolo. Burocracia. *In*: BOBBIO, Norberto; MATEUCCI, Nicola; PASQUINO, Gianfranco (org.). **Dicionário de política**. 11. ed. Brasília, DF: Editora Universidade de Brasília, 1998. p. 124-130.

GLASER, Charles L. A flawed framework: why the liberal international order concept is misguided. **International Security**, Cambridge, MA, v. 43, n. 4, p. 51-87, 2019.

GOLDE, Saar; TISHLER, Asher. Security needs, arms exports, and the structure of the defense industry. **Journal of Conflict Resolution**, [*s. l.*], v. 48, n. 5, p. 672-698, 2004.

GOUREVITCH, Peter. The second image reversed: the international sources of domestic politics. **International Organization**, Cambridge, MA, v. 32, n. 4, p. 881-912, 1978. Disponível em: https://doi.org/10.1017/S002081830003201X. Acesso em: 22 dez. 2020.

GOUVEA, Raul. Brazil's defense industry: challenges and opportunities. **Comparative Strategy**, [s. l.], v. 37, n. 4, p. 346-359, 2018.

GROBAR, Lisa M.; PORTER, Richard C. Benoit revisited: defense spending and economic growth in LDCs. **Journal of Conflict Resolution**, [s. l.], v. 33, n. 2, p. 318-345, 1989.

GÜRSOY, Yaprak. Turkey. *In*: MEIJER, Hugo; WYSS, Marco (org.). **The handbook of European defence policies and armed forces**. Oxford: Oxford University Press, 2018. p. 157-178.

GUZZINI, Stefano. Liberal international order. *In*: DUNNE, Tim; FLO-CKHART, Trine (org.). **Liberal world orders**. Oxford: Oxford University Press, 2013.

HALLIDAY, Fred. State and society in international relations: a second agenda. **Millennium – Journal of International Studies**, [s. l.], v. 16, n. 2, p. 215-229, 1987.

HANLON, Joseph. **Beggar your neighbours**: Apartheid power in Southern Africa. London: Indiana University Press, 1986.

HANSON, Jonathan; SIGMAN, Rachel. Leviathan's latent dimensions: measuring state capacity for comparative political research. **Journal of Politics**, Chicago, v. 83, n. 4, p. 1-41, 2013.

HATZKY, Christine. **Cubans in Angola**: South-South cooperation and transfer of knowledge, 1976–1991. Madison: University of Wisconsin Press, 2015.

HOBDEN, Stephen. **International relations and historical sociology**: breaking down boundaries. London: Routledge, 1998.

HOBSON, John M. **The State and international relations**. New York: Cambridge University Press, 2000.

HOBSON, John M. The two waves of Weberian historical sociology in international relations. *In*: HOBDEN, Stephen; HOBSON, John M. (org.). **Historical Sociology of International Relations**. Cambridge, MA: Cambridge University Press, 2002. p. 63-81.

HOGG, Jonny; SEZER, Can. Erdogan aims to turn Turkey into major defense industry power. **Reuters**, London, 27 maio 2015. Disponível em: https://www.reuters.com/article/us-turkey-election-defence-idUSKB-N0OC0FT20150527. Acesso em: 15 dez. 2020.

HOLTOM, Paul *et al.* Developments in arms transfers in 2011. *In*: STOCKHOLM INTERNATIONAL PEACE RESEARCH INSTITUTE. **Sipri yearbook 2012**: armaments, disarmament and international security. Oxford: Oxford University Press, 2012. p. 273-277.

HOROWITZ, Michael C. **The diffusion of military power**: causes and consequences for international politics. 2006. Tese (Doutorado em Filosofia) – Universidade de Harvard, Cambridge, MA, 2006.

HOU, Na. **Arms race, military spending and economic growth in India**. 2009. Tese (Doutorado em Filosofia) – Escola de Administração, Universidade de Birmingham, Birmingham, UK, 2009.

HOWARD, Michael. The influence of Clausewitz. *In*: HOWARD, Michael; PARET, Peter (org.). **Carl Von Clausewitz**: On war. Princeton: Princeton University Press, 2008. p. 27-44.

HOYT, Timothy D. **Rising regional powers**: new perspectives on Indigenous defense industries and military capability in the developing world. Baltimore: John Hopkins University, 1996.

HUI, Victoria Tin-bor. **War and State formation in ancient China and early modern Europe**. Cambridge, MA: Cambridge University Press, 2005.

HUNTINGTON, Samuel P. **Political order in changing societies**. Yale: Yale University Press, 1968.

IKENBERRY, John G. **After victory**: institutions, strategic restraint, and the rebuilding of order after major wars. Princeton: Princeton University Press, 2001.

IKENBERRY, John; KUPCHAN, Charles. Socialization and hegemonic power. **International Organization**, Cambridge, MA, v. 44, n. 3, p. 283-315, 1990.

INDIA. Ministry of Defence. **Defence Acquisition Procedure 2020**. New Delhi: Rajnath Singh, 2020a. Disponível em https://www.mod.gov.in/dod/news/defence-acquisition-procedure-dap-2020. Acesso em: 9 dez. 2020.

INDIA. Ministry of Defence. **MoD's big push to Atmanirbhar Bharat initiative**. New Delhi: Rajnath Singh, 2020b. Disponível em: https://www.pib.gov.in/PressReleasePage.aspx?PRID=1644570. Acesso em: 25 nov. 2020.

INTERNATIONAL MONETARY FUND. **World economic outlook (International Monetary Fund)**. Washington, DC: IMF, 2020. Disponível em: https://www.imf.org/en/Publications/WEO. Acesso em: 22 out. 2020.

JAIN, B. M. India-China relations: issues and emerging trends. **The Round Table**, [s. l.], v. 93, n. 374, p. 253-269, 2004.

JERVIS, Robert. Cooperation under the security dilemma. **World Politics**, Cambridge, UK, v. 30, n. 2, p. 167-214, 1978.

JESSOP, Bob. The developmental state in an era of finance-dominated accumulation. *In:* CHU, Yin-wah (ed.). **The Asian developmental State**. New York: Palgrave Macmillan US, 2016. p. 27-55.

JHA, Saurav. The future of India's defense exports. **The Diplomat**, Arlington, 2016. Disponível em: https://thediplomat.com/2016/07/the-future-of-indias-defense-exports/. Acesso em: 12 jan. 2021.

JONES, Charles I.; KLENOW, Peter J. Beyond GDP? Welfare across countries and time. **American Economic Review**, [s. l.], v. 106, n. 9, p. 2426-2457, 2016.

KALECKI, Michal. Economic aspects of west German rearmament. **The Economic Weekly**, Mumbai, v. 14, n. 19, p. 775-780, 12 maio 1962.

KAUSHIK, Krishn. Explained: the negative imports list for defence announced by Rajnath Singh **The Indian Express**, New Delhi, 11 ago. 2020. Disponível em: https://indianexpress.com/article/explained/explained--what-is-the-negative-imports-list-for-defence-announced-by-rajnath--singh-6547318/. Acesso em: 8 dez. 2020.

KELLY, Robert E. Security theory in the "new negionalism". **International Studies Review**, [s. l.], v. 9, n. 2, p. 197-229, 2007.

KINSELLA, David Todd; CHIMA, Judgep S. Symbols of statehood: military industrialization and public discourse in India. **Review of International Studies**, Cambridge, UK, v. 27, n. 3, p. 353-373, 2001.

KRASNER, Stephen D. The persistence of State sovereignity. *In*: FIORE-TOS, Orfeo; FALLETI, Tulia G.; SHEINGATE, Adam (org.). **The Oxford handbook of historical institutionalism**. New York: Oxford University Press, 2016. p. 638-657.

KUGLER, Jacek; ORGANSKI, Abramo Filmo Kenneth. The power transition: a retrospective and prospective evaluation. *In*: MIDLARSKI, Manus (org.). **Handbook of war studies II**. Michigan: The University of Michigan Press, 2000. p. 171-194.

KUNDU, Oishee. Risks in defence procurement: India in the 21st Century. **Defence and Peace Economics**, Abingdon, v. 32, n. 3, p. 343-361, 2019.

KURÇ, Çağlar. Between defence autarky and dependency: the dynamics of Turkish defence industrialization. **Defence Studies**, New Delhi, v. 17, n. 3, p. 260-281, 2017.

LADWIG, Walter C. Indian military modernization and conventional deterrence in South Asia. **Journal of Strategic Studies**, [s. l.], v. 38, n. 5, p. 729-772, 2015.

LAYNE, Christopher. The unipolar illusion: why new great powers will rise. **International Security**, Cambridge, MA, v. 17, n. 4, p. 5, 1993.

LDCS AT A GLANCE. **United Nations**, [s. l.], 2020. Disponível em: https://www.un.org/development/desa/dpad/least-developed-country-category/ldcs-at-a-glance.html. Acesso em: 14 out. 2020.

LE ROUX, Len. Defence sector transformation. **African Security Review**, Abingdon, v. 12, n. 3, p. 5-15, 2003.

LEVY, Jack S. War and Peace. *In*: CARLSNAES, Walter; RISSE, Thomas; SIMMONS, Beth A. (org.). **Handbook of international relations**. London: SAGE Publications, 2002. p. 453-476.

LIMA, Raphael C.; SILVA, Peterson F.; RUDZIT, Gunther. No power vacuum: national security neglect and the defence sector in Brazil. **Defence Studies**, New Delhi, v. 21, n. 1, p. 84-106, 2021.

LOBELL, Steven E.; RIPSMAN, Norrin M.; TALIAFERRO, Jeffrey W. **Neoclassical realism, the State and foreign policy**. Cambridge, MA: Cambridge University Press, 2009.

LOONEY, Robert; FREDERIKSEN, Peter. The effect of declining military influence on defense budgets in Latin America. **Armed Forces & Society**, [*s. l.*], v. 26, n. 3, p. 437-449, 2000.

LOPES DA SILVA, Diego. Brazil: reassessing Brazil's arms industry. *In*: HARTLEY, Keith; BELIN, Jean (org.). **The economics of global defence industry**. New York: Routledge, 2019. p. 482-505.

MAGALHÃES, David Almstadter Mattar de. **A política brasileira de exportação de armas no contexto da revitalização da base industrial de defesa**. 2016. Tese (Doutorado em Relações Internacionais) – Unesp/Unicamp/PUC-SP, São Paulo, 2016.

MAHONEY, James. The logic of process tracing tests in the social sciences. **Sociological Methods and Research**, [*s. l.*], v. 41, n. 4, p. 570-597, 2012.

MAHONEY, James; GOERTZ, Gary. A tale of two cultures: contrasting quantitative and qualitative research. **Political Analysis**, [*s. l.*], v. 14, n. 3, p. 227-249, 2006.

MANN, Michael. **States, war and capitalism**: studies in political sociology. Oxford: Blackwell Publishers, 1988.

MANSINGH, Surjit. India-China relations in the post-Cold War Era. **Asian Survey**, [*s. l.*], v. 34, n. 3, p. 285-300, 1994.

MARES, David R. **Violent peace**. New York: Columbia University Press, 2001.

MARTIN, Guy. Is the defence review dead? **DefenceWeb**, [*s. l.*], 23 abr. 2018. Disponível em: https://www.defenceweb.co.za/editorial/editor-column/is-the-defence-review-dead/. Acesso em: 27 jan. 2021.

MASTANDUNO, Michael; LAKE, David A.; IKENBERRY, G. John. Toward a realist theory of State action. **International Studies Quarterly**, [*s. l.*], v. 33, n. 4, p. 457, 1989.

MATOS, Patrícia de Oliveira; FINGOLO, Julie Maryne; SCHNEIDER, Raphael Augusto. Orçamento público e defesa nacional: uma análise do orçamento de defesa brasileiro no período de 2000 a 2016. **Revista da Escola de Guerra Naval**, [*s. l.*], v. 23, n. 1, p. 211-238, 2017.

MATTHEWS, Ron G. The development of India's defence-industrial base. **Journal of Strategic Studies**, [*s. l.*], v. 12, n. 4, p. 405-430, 1989.

MATTHEWS, Ron; KOH, Collin. The decline of South Africa's defence industry. **Defense and Security Analysis**, [*s.l.*], v. 37, n. 3, p. 251-273, 2021.

MAZZUCATO, Mariana. **O Estado empreendedor**. Tradução: Elvira Serapicos. São Paulo: Portfolio Penguin, 2014.

MCNEILL, William H. **The Pursuit of power**: technology, armed force, and society since A.D. 1000. Chicago: The University of Chicago Press, 1982.

MEARSHEIMER, John J. Bound to fail: the rise and fall of the liberal international order. **International Security**, Cambridge, MA, v. 43, n. 4, p. 7-50, 2019.

MEARSHEIMER, John J. **The tragedy of great power politics**. 2. ed. New York: W. W. Norton & Company, 2001.

MEIBAUER, Gustav. Neorealism, neoclassical realism and the problem(s) of history. **International Relations**, [*s. l.*], v. 37, n. 2, p. 348-369, 2023.

MELO, Regine de. **Indústria de Defesa e Desenvolvimento Estratégico**: estudo comparado França-Brasil. Brasília: FUNAG, 2015.

MEVLUTOGLU, Arda. Commentary on assessing the Turkish defense industry: structural issues and major challenges. **Defence Studies**, New Delhi, v. 17, n. 3, p. 282-294, 2017.

MORAES, Rodrigo Fracalossi. Weapons from the South: democratization, civil society, and Brazil's arms exports. **Journal of Global Security Studies**, Oxford, v. 6, n. 4, ogab002, dez. 2021.

MORAVCSIK, Andrew. Arms and autarky in modern European history. **Daedalus**, [s. l.], v. 120, n. 4, p. 23-45, 1991.

MORCEIRO, Paulo César; TESSARIN, Milene. Impactos socioeconômicos e setoriais dos projetos de investimento das forças armadas do Brasil. **Pesquisa e Planejamento Econômico**, Brasília, DF, v. 50, n. 2, p. 87-113, 2020.

MOWERY, David C. The changing structure of the US national innovation system: implications for international conflict and cooperation in R&D policy. **Research Policy**, Amsterdam, v. 27, n. 6, p. 639-654, 1998.

NASCIMENTO, Luciano. Boeing desiste de parceria com a Embraer. **Agência Brasil**, Brasília, DF, 25 abr. 2020. Disponível em: https://agenciabrasil.ebc.com.br/economia/ noticia/2020-04/boieng-desiste-de-parceria-com-embraer. Acesso em: 5 fev. 2021.

NELSON, Richard R. National innovation systems: a retrospective on a study. **Industrial and Corporate Change**, Oxford, v. 1, n. 2, p. 347-374, 1992.

NELSON, Richard R.; WINTER, Sidney G. **An evolutionary theory of economic change**. Cambridge, MA: Cambridge University Press, 1982.

NETO, Octavio Amorim; MALAMUD, Andrés. What determines foreign policy in Latin America? Systemic versus domestic factors in Argentina, Brazil, and Mexico, 1946-2008. **Latin American Politics and Society**, Cambridge, v. 57, n. 4, p. 1-24, 2 jan. 2018.

NEUMAN, Stephanie G. Power, influence, and hierarchy: Defense industries in a unipolar world. **Defence and Peace Economics**, Abingdon, v. 21, n. 1, p. 105-134, 2010.

NOLTE, Detlef. How to compare regional powers: analytical concepts and research topics. **Review of International Studies**, Cambridge, UK, v. 36, n. 4, p. 881-901, 2010.

NORRLOF, Carla; WOHLFORTH, William C. Raison de l'hegemonie (the hegemon's interest): theory of the costs and benefits of hegemony. **Security Studies**, Oxford, v. 28, n. 3, p. 422-450, 2019.

OLIVEIRA, Henrique Altemani de. **A política externa brasileira**. São Paulo: Saraiva, 2012.

ORGANIZAÇÃO PARA COOPERAÇÃO ECONÔMICA E DESENVOL-VIMENTO. **Manual de Oslo**: diretrizes para a coleta e interpretação de dados sobre inovação tecnológica. Brasília, DF: Finep, 1997.

ÖZER, Ayşe İrem Aycan. **Nationalization of the defence industry in Turkey**: 2003-2017. 2017. Dissertação (Mestrado em Ciência Política e Relações Internacionais) – İstanbul Şehir University, İstanbul, 2017.

PAGLIARI, Graciela De Conti. Military expenditures and the armed forces actions in South America: an appreciation about the regional. **Austral: Brazilian Journal of Strategy & International Relations**, [s. l.], v. 7, n. 14, p. 40-64, 2018.

PALMA, José Gabriel. **Flying-geese and waddling-ducks**: the different capabilities of East Asia and Latin America to "demand-adapt" and "supply-upgrade" their export productive capacity. New York: Initiative for Policy Dialogue Working Paper Series, 2008.

PAMP, Oliver; DENDORFER, Florian; THURNER, Paul W. Arm your friends and save on defense? The impact of arms exports on military expenditures. **Public Choice**, New York, v. 177, n. 1-2, p. 165-187, 2018.

PAVELEC, Sterling Michael. **The military-industrial complex and American society**. Santa Barbara: ABC-CLIO, 2010.

PEREZ, Carlota. Structural change and assimilation of new technologies in the economic and social systems. **Futures**, [s. l.], v. 15, n. 5, p. 357-375, 1983.

PIERSON, Paul. Power in historical institutionalism. *In*: FIORETOS, Orfeo; FALLETI, Tulia G.; SHEINGATE, Adam (org.). **The Oxford handbook of historical institutionalism**. Oxford: Oxford University Press, 2016. p. 124-141.

PORTA, Donatella della. Comparative analysis: case-oriented versus variable-oriented research. *In*: PORTA, Donatella della; KEATING, Michael (org.). **Approaches and methodologies in the social sciences**. New York: Cambridge University Press, 2008. p. 198-222.

PORTER, Bruce D. **War and the rise of the State**. New York: The Free Press, 1994.

PORTER, Michael. **Competitive advantage**: creating and sustaining superior performance: with a new introduction. 18. ed. New York: The Free Press, 1998.

PRZEWORSKI, Adam. **Estado e economia no capitalismo**. Rio de Janeiro: Relume Dumará; UFRJ/Instituto de Economia, 1995.

QUERALT, Didac. War, international finance, and fiscal capacity in the long run. **International Organization**, Cambridge, MA, v. 73, n. 4, p. 713-753, 2019.

RAGHUVANSHI, Vivek. India announces ban on 101 imported arms. Who benefits, and who loses out? **Defense News**, New Delhi, 13 ago. 2020. Disponível em: https://www.defensenews.com/global/asia-pacific/2020/08/13/india-announces-ban-on-101-imported-arms-who-benefits-and-who-loses-out/. Acesso em: 8 dez. 2020.

RAGIN, Charles C. **The comparative method**: moving beyond qualitative and quantitative strategies. Oakland: University of California Press, 2014.

RAJAN, Raghuram. Make in India, largely for India. **Indian Journal of Industrial Relations**, [*s. l.*], v. 50, n. 3, p. 361-372, jan. 2015.

RANJAN, Alok. **The China-Pakistan economic corridor**: India's options. New Delhi: ICS, 2015. ICS Occasional Paper, n. 10.

RÉAL-PINTO, Anouck Gabriela Côrte. A neo-liberal exception? the defence industry 'turkification' project. **International Development Policy**, [*s. l.*], n. 8, p. 299-331, 2017.

REISSMAN, Leonard; MILLS, C. Wright. The power elite. **American Sociological Review**, v. 21, n. 4, p. 513, 1956.

RENNSTICH, Joachim K. **The making of a digital world**. New York: Palgrave Macmillan, 2008.

RESENDE-SANTOS, João. **Neorealism, States, and the modern mass army**. Cambridge, UK: Cambridge University Press, 2007.

RIBEIRO, Cássio Garcia. Desenvolvimento tecnológico nacional: o caso KC-390. *In*: RAUEN, André Tortato (org.). **Políticas de inovação pelo lado da demanda no Brasil**. Brasília, DF: Instituto de Pesquisa Econômica Aplicada, 2017. p. 486.

RODRIGUEZ, Júlio César Cossio. Chacal ou cordeiro? O Brasil frente aos desafios e oportunidades do Sistema Internacional. **Revista Brasileira de Política Internacional**, Brasília, DF, v. 55, n. 2, p. 70-89, 2012.

RODRIK, Dani. Industrial policy for the twenty-first Century. **SSRN Electronic Journal**, [*s. l.*], 9 nov. 2004. Disponível em: https://doi.org/10.2139/ssrn.617544. Acesso em: 13 maio 2021.

ROGERSON, Christian M. Defending Apartheid: armscor and the geography of military production in South Africa. **Geojournal**, New York, v. 22, n. 3, p. 241-250, 1990.

ROHENKOHL, Júlio Eduardo; SANTOS, Thayara Cassenote dos; CASTELLANO DA SILVA, Igor. O desenvolvimento das firmas e a indústria de defesa e segurança. *In*: CASTELLANO DA SILVA, Igor; ROHENKOHL, Julio Eduardo (org.). **Polos de defesa e inovação**: Estado, instituições e inovação. Santa Maria: Editora UFSM, 2020. p. 75-104.

ROSE, Gideon. Neoclassical realism and theories of foreign policy. **World Politics**, Cambridge, UK, v. 51, n. 1, p. 144-172, 1998.

ROSSITER, Ash; CANNON, Brendon J. Making arms in India? Examining New Delhi's renewed drive for defence-industrial indigenization. **Defence Studies**, New Delhi, v. 19, n. 4, p. 353-372, 2019.

RUTTAN, Vernon W. **Is war necessary for economic growth?** Military procurement and technology development. Oxford: Oxford University Press, 2006.

SANDLER, Todd; HARTLEY, Keith (org.). **Handbook of defense economics**. Amsterdam: North Holland, 1995.

SARTORI, Giovanni. Comparing and miscomparing. **Journal of Theoretical Politics**, Thousand Oaks, v. 3, n. 3, p. 243-257, 1991.

SARTORI, Giovanni. Concept misformation in comparative politics. **The American Political Science Review**, Cambridge, UK, v. 64, n. 4, p. 1033-1053, 1970.

SCHEETZ, Thomas. Military expenditure and development in Latin America. *In*: BRAUER, Jurgen; DUNNE, J. Paul (org.). **Arming the South**. New York: Palgrave Macmillan, 2002. p. 101-127.

SCHWELLER, Randall L. Neorealism's status-quo bias: what security dilemma? **Security Studies**, Oxford, v. 5, n. 3, p. 90-121, 1996.

SCHWELLER, Randall L. Unanswered threats: a neoclassical realist theory of underbalancing. **International Security**, Cambridge, MA, v. 29, n. 2, p. 159-201, 2004.

SCHWELLER, Randall L.; PU, Xiaoyu. After unipolarity: China's visions of international order in an era of U.S. Decline. **International Security**, Cambridge, MA, v. 36, n. 1, p. 41-72, 2011.

SCOTT, W. Richard. **Institutions and organizations**. London: SAGE Publications, 2001.

SEBBEN, Fernando. América do Sul: comunidade de segurança ou paz violenta? **Relações Internacionais no Mundo Atual**, Curitiba, v. 2, n. 14, p. 79-108, 2010.

SIAL, Safdar. The China-Pakistan economic corridor: an assessment of potential threats and constraints. **Conflict and Peace Studies**, Islamabad, v. 6, n. 2, p. 11-40, 2014.

SINGER, J. David. Threat-perception and the armament-tension dilemma. **Journal of Conflict Resolution**, [*s. l.*], v. 2, n. 1, p. 90-105, 1958.

SINHA, Aseema; DORSCHNER, Jon P. India: rising power or a mere revolution of rising expectations. **Polity**, Chicago, v. 42, n. 1, p. 74-99, 2010.

SIPRI ARMS INDUSTRY DATABASE. **SIPRI**, Stockholm, 2019. Disponível em: https://www.sipri.org/databases/armsindustry. Acesso em: 5 nov. 2020.

SIPRI ARMS TRANSFERS DATABASE. **SIPRI**, Stockholm, 2023. Disponível em: https://armstrade.sipri.org/armstrade/page/values.php. Acesso em: 13 jul. 2023.

SKOCPOL, Theda. **States and social revolutions**: a comparative analysis of France, Russia, and China. Cambridge, MA: Cambridge University Press, 1979.

SMITH, Paul; KARTHA, Tara. Strategic partners or an emerging alliance? India and the United States in an era of global power transition. **Comparative Strategy**, [*s. l.*], v. 37, n. 5, p. 442-459, 2018.

SMITH, Ron P.; DUNNE, J. Paul. Issues in the quantitative analysis of the SIPRI arms industry database. **The Economics of Peace and Security Journal**, Bristol, v. 13, n. 2, p. 11-18, 2018.

SMITH, Ron P. Military expenditure data: theoretical and empirical considerations. **Defence and Peace Economics**, Abingdon, v. 28, n. 4, p. 422-428, 2017.

SOLINGEN, Etel. **Regional orders at century's dawn**: global and domestic influences on grand strategy. Princeton: Princeton University Press, 1999.

SOUTH AFRICA. Department of defence. **South African Defence Review 2015**. Pretoria: Department of Defence, 2015.

SOUZA, Gelson de. **Os paradigmas da política externa brasileira e os seus reflexos para as exportações de produtos de defesa nacionais no período de 1974 a 2011**. 2012. Tese (Doutorado em Ciências Militares) – Escola de Comando e Estado Maior do Exército, Rio de Janeiro, 2012.

STUENKEL, Oliver. Manter separados o BRICS e o IBAS. **Oliver Stuenkel**, [*s. l.*], 20 set. 2012. Disponível em: https://www.oliverstuenkel.

com/2012/09/20/manter-separados-o-brics-e-o-ibas/?lang=pt. Acesso em: 30 ago. 2021.

TALIAFERRO, Jeffrey W. Neoclassical realism and resource extraction: state building for future war. *In*: LOBELL, Steven E.; RIPSMAN, Norrin M.; TALIAFERRO, Jefrrey W. (org.). **Neoclassical realism, the State, and foreign policy**. Cambridge, MA: Cambridge University Press, 2009. p. 324.

TALIAFERRO, Jeffrey W. Security seeking under anarchy defensive realism revisited. **International Security**, Cambridge, MA, v. 25, n. 3, p. 128-161, 2000.

TAYLOR, Trevor. Defence industries in international relations. **Review of International Studies**, Cambridge, UK, v. 16, n. 1, p. 59-73, 1990.

TERRILL, W. Andrew. South African arms sales and the strengthening of Apartheid. **Africa Today**, Bloomington, v. 31, n. 2, p. 3-13, 1984.

THANGAMANI, BW. Defense budget: insufficient allocation for modernization of forces. **Shanlax International Journal of Management**, Madurai, v. 7, n. 3, p. 28-30, 2020.

THIES, Cameron G. A pragmatic guide to qualitative historical analysis in the study of international relations. **International Studies Perspectives**, [*s. l.*], v. 3, n. 4, p. 351-372, 2002.

TILLY, Charles. **Coerção, capital e Estados europeus**. São Paulo: Edusp, 1996.

TILLY, Charles. **The formation of national States in Western Europe**. Princeton: Princeton University Press, 1975.

TOPOROWSKI, Jan. Multilateralism and military Keynesianism: completing the analysis. **Journal of Post Keynesian Economics**, Abingdon, v. 39, n. 4, p. 437-443, 2016.

TREGENNA, Fiona; ANDREONI, Antonio. **Deindustrialisation reconsidered**: structural shifts and sectoral heterogeneity: IIPP WP 2020-06. London: UCL Institute for Innovationand Public Purpose (IIPP), 2020.

VENESSON, Pascal. Case studies and process tracing: theories and practices. *In*: DELLA PORTA, Donatella; KEATING, Michael (org.). **Approaches and methodologies in the social sciences**: a pluralist perspective. Cambridge, UK: Cambridge University Press, 2008. p. 223-239.

VIEIRA, Ricardo Zortéa. Guerra e dinâmica sociopolítica. *In*: FIORI, José Luís (org.). **Sobre a guerra**. Petrópolis: Vozes, 2018. p. 290-317.

VROMEN, Ariadne. Debating methods: rediscovering qualitative approaches. *In*: MARSH, David; GERRY, Stoker (org.). **Theory and methods in political science**. New York: Palgrave Macmillan, 2010. p. 409.

WALT, Stephen M. Alliance formation and the balance of world power. **International Security**, Cambridge, MA, v. 9, n. 4, p. 3-43, 1985.

WALTZ, Kenneth Neal. **Man, the State, and war: a theoretical analysis**. New York: Columbia University Press, 1959.

WALTZ, Kenneth Neal. **Theory of international politics**. Reading: Addison-Wesley Publishing Company, 1979.

WEISS, Linda. **America Inc.**?: innovation and enterprise in the national security State. Ithaca: Cornell University Press, 2014.

WEISS, Linda. Global governance, national strategies: how industrialized states make room to move under the WTO. **Review of International Political Economy**, Abingdon, v. 12, n. 5, p. 723-749, 2005.

WEISS, Linda. Globalisation and the myth of the powerless State. **New Left Review**, Abingdon, v. 225, p. 3-27, 1997.

WEISS, Linda; THURBON, Elizabeth. Power paradox: how the extension of US infrastructural power abroad diminishes state capacity at home. **Review of International Political Economy**, Abingdon, v. 25, n. 6, p. 779-810, 2018.

WEISS, Moritz. State vs. market in India: how (not) to integrate foreign contractors in the domestic defense-industrial sector. **Comparative Strategy**, [*s. l.*], v. 37, n. 4, p. 286-298, 2018.

WENDT, Alexander. Anarchy is what states make of it: the social construction of power politics. **International Organization**, Cambridge, MA, v. 46, n. 2, p. 391-425, 1992.

WOHLFORTH, William C. Gilpinian realism and international relations. **International Relations**, [s. l.], v. 25, n. 4, p. 499-511, 2011.

YAĞCI, Mustafa. The political economy of AK party rule in Turkey. **Insight Turkey**, Ankara, v. 19, n. 2, p. 89-114, 2017.

YANG, Chih Hai. Determinants of China's arms exports: a political economy perspective. **Journal of the Asia Pacific Economy**, [s. l.], v. 25, n. 1, p. 156-174, 2020.

YEŞILTAŞ, Murat. The transformation of the geopolitical vision in Turkish foreign policy. **Turkish Studies**, [s. l.], v. 14, n. 4, p. 661-687, 2013.

ZAVERUCHA, Jorge; CUNHA REZENDE, Flávio. How the military competes for expenditure in Brazilian democracy: arguments for an outlier on JSTOR. **International Political Science Review**, Thousand Oaks, v. 30, n. 4, p. 407-429, 2009